1 材料の基本的な性

① 身の回りの製品に使われている材料 との問いに答えなさい。(52点)

　材料を選ぶときに重要なことは,材料の強さや重さ,外観や触感,(①　　)のしやすさ,耐久性,熱や電気の伝わり方,安全性などである。複数の材料を使うときは,②木材,金属,プラスチックのそれぞれの特徴を生かして,使い分ける必要がある。また,その材料で作られた製品が与える,価格や③環境などへの影響も考える必要がある。

(1) ①にあてはまる言葉を書きなさい。(8点) (　　　　　　　)

(2) 下線部②の用途例について正しいものを,ア～ウの中から1つ選びなさい。
　　ア　プラスチックはダムや橋脚などの丈夫な建造物に使われる。　(8点)
　　イ　金属は,缶製品や刃物,自動車などに利用される。
　　ウ　木材はタイヤや保冷箱に使われる。　　　　　　　(　　　　　)

(3) 下線部②について,学校の机に鉄やプラスチックが使われている理由を,それぞれ簡単に答えなさい。(12点×2)
　　鉄(　　　　　　　　　　　　) プラスチック(　　　　　　　　)

(4) 下線部③について,プラスチックで作られたペットボトルは環境に配慮してどのような工夫がされていますか。(12点)

(　　　　　　　　　　　　　　　　　　　　　　　　　　　)

② 次の材料の性質は,ア 木材,イ 金属,ウ プラスチック のどれにあてはまるものですか。ア～ウの記号で答えなさい。(8点×6)

① 熱や電気は通さないが,溶かして形をつくることができる。 (　　)

② 熱がよく伝わり,電気を通す。 (　　)

③ 一般的には腐らないが,微生物で分解されるものがある。 (　　)

④ 軽くて削りやすいが,腐ることがある。 (　　)

⑤ 触ると冷たく感じ,さびるものがある。 (　　)

⑥ 水につけると膨張する。また,燃えやすい。 (　　)

第Ⅰ部
自分を理解するための心理学

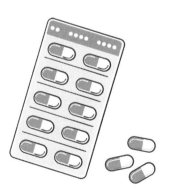

自己を理解する

1.1 パーソナリティ／性格

> **事例1 大学生の悩み**
>
> K美さんは夏でもマスクをしている日がほとんどです。小さな声で話すので，ときどき聞き返さないと何を言っているのかわからないことがあります。Y先生はあるときK美さんに「どうしていつもマスクをしているの」と聞いてみました。ふいにK美さんは涙ぐみながら次のような話をしてくれました。
>
> 「小さいときから人と話すのが苦手。どんな話題を出したらいいかわからず，あわててしまう。考えれば考えるほど頭が白くなってしまい，どきどきして顔も赤くなる。相手に知られて変な人だと思われているような気がする。マスクを着けていると表情を見られない気がして安心する。こんな性格を変えたいと思う。相手のことを気にしすぎてしまうのはなんとかならないのだろうか，といつも悩んでいる」と言うのです。

1.1.1 性格とパーソナリティ

　性格とは「行動に表れる個性」とされ，他の人と違ったその人の個性の重要な要素であるとされます（渡邊, 2010, p. 1）。また心の個人差について言及される際には**パーソナリティ**という言葉が使われる場合があります（小塩, 2016, p. 13）。渡邊も「性格は現象として現れる個性的な行動パターンそのものを指すのに対し，パーソナリティはそうした行動パターンと，それを生み出す心理学的構造の全体を指す概念である，ということができる」としています（渡邊, 2010, p. 29）。本書でもこれらの定義に準拠しながら，適宜二つの言葉を用いることにします。

1.1.2 パーソナリティを測る

　特定の性格特性を測定するのが**性格尺度**で，複数の特性の測定により広範な，ひとりの人の性格全体を測定する方法が**性格検査**です。また，ある特性に着目してその現れ方のパターンを測定するのが**特性尺度**で，多様な人間をいくつかの限られたパターンに当てはめて理解するために行うのが，**性格の類型化**です。

　たとえば，事例1を資料として，パーソナリティの測定をキーポイントに，K美さんの悩みの解決につながるアプローチを考えてみましょう。

　Y先生はK美さんに学生相談室の利用を提案したところ，K美さんは心理学の様々な知見を利用して自分で解決してみたいというのです。そこでY先生は『心理測定尺度集Ⅰ』（2014）を紹介して，K美さん自身が対処法を考える手助けをすることにしました。K美さんはよく言われる「恥ずかしがりや」で「シャイな」性格です。奥ゆかしいとか，大人しい，やさしい，など肯定的なイメージもありますが，本人にとっては特にコミュニケーション場面で大きな負担になっているようです。K美さんの心の葛藤を解決する手がかりになるのが，パーソナリティの測定です。客観的に自分の特徴を理解して，具体的な対処について考える手がかりとするのです。

　まずは，シャイネス尺度で，「恥ずかしがりや」の程度を把握します。大学生のシャイネスの度合いを測定する尺度はいくつか開発されています（桜井・桜井, 1991；相川, 1991；鈴木他, 1997など）。いずれかを選んで使用すると結果の比較ができて，大学生という母集団の中において，K美さんのシャイネスの程度がどのくらいの位置づけになるかを把握（推定）することができます。その結果を本人に説明することで，自分のシャイネスの程度を客観的に理解することができるようになります。

　次に，シャイネスがもたらしている影響を把握し，K美さんの悩みを克服していくヒントになる関連していそうな特性について考えます。同じように尺度で測定してみてもよいかもしれません。なかなか自分の胸のうちを打ち明けられなくて友達をつくるのが苦手ということがわかったので，友人関係やソーシャルサポートの授受について測定してみます。大学生を対象にした先行研究で，シャイな人は他者評価が気になって，ソーシャルサポートが得にくい側面があることがわかっています（黒澤・猪俣・吉永, 2016）。こうした研究成果

やK美さんの尺度得点の結果を総合的に考え，「サポートを受けづらいK美さんの場合，自ら一歩踏み込むことでより互恵的で積極的な関係性の構築が可能になる」のように説明して，K美さん自身の感想を尋ねてみます。K美さんが今課題を感じていることについて，自分なりに理解し，できることから解決策を試してみようと思えるようにやりとりします。実際のK美さんはもともと治療のような選択肢をもっていませんでしたし，乗り越えることで楽になりたいという前向きな気持ちをもてたので，相談されたY先生も自己解決を手助けする方法を選択しました。

　より全般的な性格の把握には，**MMPI**（ミネソタ式多面的性格検査），**YG性格検査**などのテストが用いられます。また，**ビッグ・ファイブ**と言われる，不安症傾向，外向性，開放性，協調性・調和性，勤勉性・誠実性の5因子の中から，より強い特徴を示している因子を明らかにする性格検査も広く用いられています。フリードマンたちは20世紀の前半に全米からリクルートされた小学生のその後を追跡した長期縦断研究のデータを用いて，勤勉性・誠実性という性格特性が長寿者に多いことを明らかにしました（Friedman & Martin, 2011／邦訳, 2012）。このように単純にタイプ分けを行うだけではなく，地域住民や対象コーホート[1]の健康に寄与する要因を調べる際にも，ビッグ・ファイブのような性格検査が活用されています。

　その他，自己理解に役立つ対人交流における特徴を把握する検査としては**エゴグラム**が知られています。エゴグラムは，5つの自我状態，CP(Critical Parent)，NP (Nurturing Parent)，A (Adult)，FC (Free Child)，AC (Adapted Child)，それぞれ10項目ずつ合計で50項目の質問に，はい（2）・どちらでもない（1）・いいえ（0）のどれかで回答し，5つの自我状態ごとに合計得点を算出し，どの状態が優位であるかを見出します。

　またYG性格検査はパーソナリティ検査として12の因子（D：抑うつ性，C：気分の変化，I：劣等感，N：神経質さ，O：主観性，Co：協調性，Ag：攻撃性，G：活動性，R：のんきさ，T：思考的外向性，A：支配性，S：社会的外向性）の得点が算出されます。

---

1 ）ある特定の期間に出生した人々の集団のことを主に指す。たとえば，この集団に固有のある特性の現在の状況と10年後のそれを比較することができる。

さらに**描画法**（バウムテスト，S-HTP）や**投影法**（ロールシャッハテスト，P-Fスタディ，TAT）などのテスト（検査）があり，これらのテストをそのクライエントに向けて適宜選択したテストバッテリーを組んで臨床に臨みます[2]。

1.2 心の発達

1.2.1 乳幼児期の心の発達

（1）赤ちゃんの心理学

母胎にいるときに胎児がどのような心理状態にあるかを知る方法はあるのでしょうか？ 母親は妊娠5ヶ月ころから胎動を感じているとされます。胎児が胎内で動くと，その動きで胎内環境からの刺激が引き出され，その刺激を受けて，発達が促されるという相互作用が繰り広げられているとされています。このプロセスでは，児側の自発的運動が端緒となっており，胎児のときから発達における児の自発性，主体性の重要性が指摘されています（小西, 2011）。

誕生前に胎児がどのような認知や思考の水準であるかについて知るためにユニークな実験を行ったのは，アンソニー・デ・キャスパーら（DeCasper et al., 1986）の **The cat in the hat 研究**と言われているものです。「生後1日目の新生児が男性より女性の声に，同じ女性でも他の女性より母親の声に選択的に反応する」「生後数日の新生児に母国語への選択的好みが見出された（特殊な哺乳瓶を使用，英語が聞こえるときには，リズミカルに吸引し，アラビア語が聞こえるときには吸引が止まる）」といった発見があり，胎児が母親の声や言葉を聞き分け，「心地よいもの」として認識していたことをうかがわせる結果となりました。

こうした新生児に関する研究の成果は，認知発達の理論を体系化した**ジャン・ピアジェ**（J. Piaget；1896-1980）による初期の研究成果に認知発達の多

2）各テストの詳細はここでは記述しない。その理由は，あらかじめテスト内容についての詳しい知識を得ることになり，何を測るのかが事前にわかってしまうことで，テストすることの意味が失われてしまうからである。またここで紹介したテストは，厳格なルールに基づいて専門家が実施する。

表1-1　ピアジェの認知発達段階
（Piaget, 1970より）

認知発達段階	該当時期
感覚―運動期	出生―2歳頃
前操作期	2―7歳
具体的操作期	7―11歳
形式的操作期	11―15歳

表1-2　ヴィゴツキーの発達段階
（Vygotsky, 1978；柴田, 2006より）

危　機	安定期
新生児の危機	乳児期（2ヶ月―1歳）
1歳の危機	幼児期（1―3歳）
3歳の危機	就学前期（3―7歳）
7歳の危機	学童期（8―12歳）
13歳の危機	思春期（14―18歳）

様性や複雑さに関する認識を加えていくことになります。

（2）さまざまな心の発達の理論

　ピアジェは**表1-1**に示したように，出生から15歳までの発達段階を整理しました。誕生まもなくの「出生から1歳半まで」の時期は**感覚―運動期**として，主体性や自発性による運動より，感覚運動としての反応がほとんどであるという考え方を示しました。その後，**前操作期**において「自己中心」から「象徴的思考」と「直観的思考」を経て，他者の視点からの認知が可能になるとされています。

　レフ・ヴィゴツキー（L. S. Vygotsky）は発達段階を2つの水準に分けて考えることを提唱しました。ひとつは自力で問題解決できる水準，もうひとつは他者からの援助や協働によって達成が可能となる水準です。両者のずれの範囲を「**発達の最近接領域**」と呼びました（子安, 2010）。他者からの働きかけや相互の交渉が自己解決や自己制御につながっていく過程を示したのです。夭折したヴィゴツキーの研究は後進によって，具体的な関わり方の検討を行う研究に引き継がれていきました。発達の年齢的段階論については**表1-2**に示したように，危機的年齢の時期と安定的時期が順次交代する理論を示し，危機の実際的意義を示しました（柴田, 2006）。

（3）養育者との関わりから考える

　ジョン・ボウルビィ（J. Bowlby）は第二次世界大戦後にイタリアの児童施設を調査し，安定的な養育者との関わりが子どものその後の成長発達に及ぼす良好な影響を指摘しました。養育者は必ずしも母親でなくてもよくて，「一人

の弁別された人物への定位と発信」（廣瀬・小林, 2020）が起こるとされています。このような特定の人との間に形成される情緒的結びつきは，**アタッチメント（愛着）**と呼ばれています。

（4）ボウルビィの愛着形成理論

　ボウルビィは医学の学位を得てまもなくロンドンの児童相談所に職を得て，子どもの早期環境が性格に与える影響に関心をもち，母親の死や長期分離，あるいは母親の情緒的態度が神経症の発症に関わることを事例を通して報告しました。その後事例を増やして，非行少年の性格と家庭環境に関する詳細な検討を行いました。1950年に WHO の嘱託となって，施設入所の影響についての調査を実施し，maternal deprivation（母性剥奪と訳されることがある）概念を提唱しました（庄司, 2016, pp. 24-26）。やがて，養育者との長期分離や喪失が子どもの心身発達に与える影響にかかわるメカニズム解明のために，ノーマルな環境において子どもが養育者との情緒的絆（attachment）を形成していく過程と機能の解明に乗り出しました（久保田, 2016, pp. 42-64）。ボウルビィとその共同研究者である**メアリー・エインズワース**[3]（M. D. S. Ainsworth）は，すべての動物と同様に人間の子どもも生存を維持するために養育者への近接を増大し，身体接触を維持しようとする行動をとることを示し，それを，生得的に獲得した行動である「**アタッチメント行動**」と位置づけました。情緒的に何らかの病理や不安定さがある養育者の場合には，アタッチメントの生物学的機能が果たされないことがあります。その例が虐待です。アタッチメント行動は，生存を守るという生物学的機能に加え，養育者との接触によって安心感・安全保障感を得るという心理的機能も伴い（久保田, 2016），この場合養育者は「安全なる港」として機能するとされます。

　その後エインズワースらは，乳児の反応を「安定型」「回避型」「アンビヴァレント型」にタイプ分けして関連要因を探る実験を行いました（Ainsworth et al., 1978）。ボウルビィとエインズワースは，子どもは相互交渉により養育者にアタッチメントを形成するとして，養育者側が応答する行動と同様に養育者に

3）エインズワースと表記されることもある。

近接しようとする行動は進化を通して選択されてきた，としました。近接が達成されるまで，アタッチメントが充足されるように行動する能力を発達させていくので，多様な行動がアタッチメントシステムとして使われることが見出されています（Sroufe et al., 2005／邦訳, 2022, pp. 39-40）。

1.2.2 学童期の心の発達

（1）仲間と育つ

　子どもたちの心の発達において，**第一反抗期**と言われる2～3歳頃の「**いやいや期**」が知られています。養育者の手厚い世話を必要としていた乳児期から，自立や自律の気持ちが芽生え，一人ひとりの気質や個性に応じて，さまざまな出来事を理解し，知識を増やし，学んでいくのが幼児期から就学前までの時期です。

　入学後は集団での社会的な生活が開始され，子どもたちはさまざまな心理的な課題に直面します。その中でこだわりが強い子ども，人とのコミュニケーションが苦手な子ども，集中力のない子ども，ぼんやりしている子ども，衝動的な子どもなど，さまざまな特徴が現れてくることがあります。

　小学校入学後に，学校生活に適応できない子どもの状態は**小1プロブレム**と呼ばれています。文部科学省の「通常の学級に在籍する発達障害の可能性のある特別な教育的支援を必要とする児童生徒に関する調査」では，教室で問題を抱えていると教師が判断している子どもの割合は6.5%に達しています（文部科学省, 2022）。発達障害と言われる状態は**DSM-5**（精神疾患の診断・統計マニュアル　第5版）では自閉症スペクトラム症／自閉症スペクトラム障害（ASD：Autism Spectrum Disorder）と定義されていますが，状態像は幅広くスペクトラムでとらえられており，いわゆるグレーゾーンと言われる境界域の子どもたちも多く存在しています。2006年から学校教育法が改正され，特別支援学級が定義され，在籍児童生徒数は一貫して増加しています。

　学習の支援，社会的なコミュニケーション，行動スキルのトレーニングによって周囲への適応力を高めることができると考えられています。同時に，ひとりひとりの特徴を理解して，環境の整備を行うことが学校での生活を円滑にすることにつながります。

（2）不登校やいじめ

　学校生活の開始によって，集団での統一的な行動や規律にそった学習態度への適応が求められるようになりますが，なかにはこれらに不得手を感じ，不適応を起こす子どももいます。幼児期に共感性や行動制御の発達が十分できなかったケースであっても，入学後，周囲との関わりで克服し，学校での集団生活に適応する例もあります。多様な子どものなかには，学校の雰囲気になじめないで，登校しづらさを感じることがあります。一方，集団のルールに従えなかったり，衝動的な行動を繰り返したりしてしまって，学級の運営に影響を与えてしまうこともあります。

　近年，**不登校**が増加の一途をたどっています。2021年度の調査では，小中学校で不登校の割合は2.6％，高校では1.7％，中途退学者が1.2％となっています。2017年教育機会確保法が施行され，不登校の児童生徒を国や自治体が支援することが明記され，登校のみを目標とせず，休養の必要性を認め，学校以外での多様な学習活動を支援する方針を掲げました。こうした背景をもとに，学業不振・学校適応・発達状況や，不登校要因に占める割合が最も高い「無気力，不安」の状況に応じた多様な場の選択が可能になることが望まれます。

　いじめは大きな問題となっており，SNS の広がりや ICT 教育の導入でタブレット端末が子どもたちにとって身近なツールとなり，その状況が複雑化しています。学校における暴力やいじめは他の国や地域でも問題となっており，世界の13〜15歳の約半数が経験しているとされます[4]。いじめの放置や解決の困難さが自殺にもつながることがあります。自殺は，日本の子どもの問題の中でも深刻です。小中高校生の自殺者の人数は514人となっており（文部科学省2022年資料[5]），対策は急務です。なぜこうした状況が生じているのでしょうか。

　ユニセフの調査によると，日本の子どもの幸福度の総合順位は調査国38ヵ国中20位で，特に15歳時点での生活満足度が高い子どもの割合が少ないことが示されています（ユニセフ，2020）。近年は子どもの遊びの**三間**（時間，空間，

4）<https：//www.unicef.or.jp/library/pdf/labo_rc16.pdf>ユニセフの報告書「レポートカード16」
　（ユニセフ，2020）

5）<https：//www.mhlw.go.jp/content/12201000/001079460.pdf>「児童生徒の自殺対策について」
　（文部科学省）

仲間）が不足し，十分に遊べない問題が指摘されていますが，成長発達に重要な遊びの機会喪失で，仲間関係の構築がなされないことも学校でのさまざまな問題の背景に関わっている可能性があります。

小学校高学年の子どもたちは，**ギャングエイジ**と呼ばれ，仲間同士でつるんで遊び，家族を離れて自分たちの自由で独自な世界をつくり，連帯感や協働の精神を養う（深谷, 1986）とされます。仲間と育つ三間の保障が不可欠です。

学校で子どもたちが直面する問題の解決のためには，子どもたち自身の意見を反映させた対策が不可欠であるとされています。そのように意見を表明したり，自分たちが大人と対等に関わって活動に参加したりすることは，1989年に国連で採択され，1994年に日本も批准した，**子どもの権利条約**に明文化されています。小さい頃から子どもの権利についてきちんと学ぶことが必要です。

不登校，いじめ，自殺といった問題はいずれも心の健康に関わる問題です。心の健康に関しては，適切な知識や情報の獲得が欠かせません。2022年度からは中学校の教科書に精神疾患の記載が掲載されるようになり，学校におけるメンタルヘルスリテラシー教育が開始されることになりました。自分自身の健康を守るためにも，他者の心理的葛藤を理解し，互いに思いやり，サポートし合うピアサポートの浸透のためにも，適切な知識と情報の提供が不可欠です。

1.2.3 思春期から青年期の心の発達

（1）自己同一性（アイデンティティ）

思春期は**第二反抗期**とも言われ，子どもたちには反抗的な態度が目に付くようになります。親からの自立欲求に対する正常で必然的な反応（Freud, 1936／邦訳, 1985）であり，心理的な不安定状態が増し，大人や社会に対して反抗的な態度を示すこともあります。親の保護の下から離れ大人になろうとする欲求の表れであり，生起要因としては，分離モデルと組み替えモデルの2類型[6]があるとされています（白井, 1997）。

エリク・エリクソン（E. H. Erikson）は「青年期の危機」に焦点を当て，「**ア**

6）白井（1997）は，親子のコンフリクトを，青年の親からの分離・自立を示すものと考えるのが「分離モデル」，青年の自律欲求に家族システムが対応できない場合に家族システムを組み替えて解消するものと考えるのが「組み替えモデル」とした。

イデンティティの確立と拡散」や「モラトリアム」の考え方を提唱しました。エリクソンは，人は生涯発達するとして，**表1-3**のように，乳児期から老年期まで8段階の発達理論を整理しました（Erikson, 1968；Kesavelu et al., 2021）。各段階では，相反する課題を同時に有するとされています。アイデンティティの確立のプロセスは10代から20代の重要な発達課題となります。

表1-3　個人の発達過程の8段階（社会経済的，心理学的，生物学的側面からの影響）
（Kesavelu et al., 2021を参考に作成）

ステージ	年齢（歳）	時期	獲得すること	不成立の場合	成果
1	0−1	乳児期	全面的な依存	不信	信頼 trust
2	2−3	幼児期前期	独立・自己制御	恥・疑惑	意思 will
3	3−5	幼児期後期	能力の発揮・他者との関わり	罪・自己不信・主導権のなさ	目的 purpose
4	6−11	学童期	自負心の発達・コンピテンスの獲得	劣等感	自信 confidence
5	12−18	青年期	自覚・自我同一性の獲得	自覚の弱さ・不安定感・自己信念の不確実さ	統合的自意識 integrated and cohesive sense of self
6	19−40	成人期前期	親密で相愛的な関係性	孤独・孤立	他者との永続的な意義深い関係性の構築 lasting, meaningful relationships
7	40−60	中年期	自己有用性・誇り	沈潜・関係性の薄さ	ケア care
8	65−	老年期	叡智・整合性	後悔・辛苦・絶望	わずかな後悔と満足感 few regrets and more satisfaction

（2）葛藤と成熟

　青年は世界中のどのような集団においても，さまよい，旅を経てやがては社会に有用な存在として戻ってくると述べたのはオリバー・サックス（Sacks, 2015）です。青年がリスキーな行動を好んだり，虚無感に襲われて役割放棄をしたり，あるいは「自分は何者なのか」について悩んだりする姿は文学でもさまざまにとりあげられてきました。アイデンティティは「自己同一性」や「主体性」と訳されますが，「自分が認識する自分」「自分はこうであるという考え

を持つこと」と言えます。青年期にひとは，自分が場面ごとにどのような反応や行動をするのかとか，他者に対してどのように感じたり思ったりするのかなど，自身を客観視しながら，「自分らしさ」を見出したり，自分の限界やありのままの姿に気づいたりして，受け入れていく過程を経験します。その最中に思いもかけない自分を見出したり，はっきりした考えや行動に踏み切れない自分にもどかしさを感じたり，あるいは，他人との違いに違和感や劣等感をおぼえるなど，さまざまな葛藤を抱えるとされているのです。

　自分はこれでいいと感じる**自己肯定感**や**自尊感情**を適切に有することが，心理的な安定につながりますが，近年はそうした自分自身を肯定する気持ちを持ちづらい若者が増えていると言います。自尊感情には「**基本的自尊感情**」と「**社会的自尊感情**」があるとされます。社会的自尊感情は，他者からの評価など周囲の状況や状態に支配される感情で，基本的自尊感情は，自分をかけがえのない存在として丸ごとそのまま認める感情です。基本的自尊感情は，多様な体験を通して，失敗の克服や成功の喜びを味わいながら，適切な自己評価や自己受容感を基盤にして，育まれていきます。親や先生以外の大人とのななめの関係や，ギャングエイジの仲間体験の中から生まれる親友のような信頼できる他者との関係を通して，「自分とはどのような人間なのか」といった深い悩みに自分なりの答えを見つける過程でもあります。

ワーク1　　**いろいろなわたし**（Kuhn & McPartland, 1954；小泉他, 2017）

「私は誰だろうか（Who am I?）」という問いに対して，「私は……」という文章の「……」にあてはまるものを20個考えてみましょう。

①何個書けたか（総数）
②表現の分類
　1）客観的な事実についての内容（年齢，職業，血液型，家族構成，所属）
　　　客観的な事実であり，ほとんどのひとから肯定されるため合意反応と呼ばれます。
　2）主観的な判断についての内容（性格，身体的特徴，気分，好み，興味，信念など）
　　　主観的判断を含み，必ずしも肯定されるとは限らないため非合意反応と呼ばれます。

③解説

　多くの場合，合意反応に分類される語句から記入します。すべての人がちょうど20の語句を記入するとは限らず，ちょうど半々ずつ書くわけではありません。どちらかというと，合意反応を書いた後，非合意反応でブランクを埋める人が多いようです。合意反応が多い人ほど安定した自己概念を持つ可能性があります。非合意反応が多い人は，他者との比較によって自己をとらえる傾向や内省的な傾向がある，といった指摘がされています。

コラム① 学生相談における相談の枠組み

　患者心理に影響を及ぼす面接の枠組みには次のようなものがあります。

　1) 時間の枠　　　：同じ時間（長さ）にて行う
　2) 場所の枠　　　：同じ場所にて行う
　3) 治療者という枠：同じ治療者が行う

　相談に来た人にとっては，面接の枠組みが守られているからこそ安心して話ができます。こうした枠組みは，面接構造とか治療構造と呼ばれています。

　この枠組みに関しては多くの心理療法家がさまざまな視点から論じており，枠組みの要素を上記3点に「料金」を加えて4つとする考え方や，どのような枠組みをつくるかを検討するところから面接が始まるとする考え方などが示され，面接において，重要視される要素です。

　しかし，面接場面によっては，枠組みについては柔軟に考えなければならない状況も生じてくるはずです。特に学生相談と言われる，大学内のカウンセリングルームでは，そのような状況が多く生じます。治療機関であれば，クライエントは治療を目的に来ているという前提があり，枠組みを提示して，相互に約束（契約）することが比較的容易ですが，学生相談では，何に困っているか，悩んでいるかどうかもあいまいなまま相談が始まることも多いので，枠組みの設定は原則どおりにはいかないところがあります。そのような場合であっても，枠組みがあることによって，相談に来た人も，相談に応じる人も守られる，という大きな意義があることは，通常の面接と共通しています。このように状況に応じて，相互に確認しながら約束を交わし，少し緩やかな場合があるとしても，その場に合った「枠組み」を設定することになります。

　スムーズに導入ができたところで，具体的に話を聴いていきます。そこで重要なのが，表情，視線，姿勢などの非言語的コミュニケーションです。いくら真剣に話を聴いていても，それが患者に伝わらなければ意味がありません。話に合わせてうなずく，目を合わせるなど，適切に反応することも双方向のコミュニケー

ションとして大切です。

1.2.4 中高年から老年期の心：ひとは生涯発達する

（1）中高年の危機

1980年代以降，50歳時点の未婚率は上昇し始め，2020年時点で男性28.25％，女性17.81％に達しています（**表1-4**）。生涯働き続ける女性が増え，かつてM字曲線[7]を描くとされた，年齢と就業率の関係でも，結婚や出産で離職するひとが減ることで，M字の谷間の曲線の底は年々浅くなっています。家族のあり方は変わり，多様な生き方が容認される社会となりつつあります。親の役割や仕事上の役割の喪失で，中高年期にひとは心理的危機を経験すると言われ，**ミドルエイジライフ・クライシス**とか，**ミッドライフ・クライシス**などと呼ばれています。生物学的にも体調の変化が起きやすい時期で，メンタルヘルスの悪化も起きやすい時期です。

中高年は役割の喪失だけでなく，多くの喪失を体験する時期です。喪失体験はひとの心を悲しみ（**グリーフ**）で覆って，不安定な状態をもたらします。悲しみを認識して，他者に語るなどして「グリーフケア」をする必要があります。一方，さまざまな辛い出来事に出会って傷ついても，また立ち直る力を**レジリエンス**と呼んでいますが，グリーフケアでは悲嘆をサポートするケアによって，レジリエンスを回復させる活動が行われています。

近年は，社会的な孤立が問題となっています。**8050問題**と言われる，ひきこもりのまま中高年（50歳）となり，老いた親（80歳）と暮らしている人の存在が浮かび上がってきました。この8050問題とは，社会と関わりがないまま暮らしてきたひとたちが50代にさしかかる頃，それまで面倒を見てくれていた親が高齢となり介護の問題が表面化して，初めて日常の生活も経済的にも立ち行かなくなる事例が社会問題化していることを指します。ひきこもり支援について

7）縦軸に女性の労働力率（15歳以上の女性人口に占める労働力人口［就業者＋完全失業者］の割合）をとり，横軸に年齢を置くグラフを描くと，結婚・出産期にあたる年代に労働力率の低下がいったん見られ，育児が落ち着いた時期に再び上昇するので，いわゆるM字カーブを描く。近年，この子育て年齢での低下があまり見られないと言われている。

表1-4   性別・50歳時の未婚割合・有配偶割合・死別割合および離別割合（1920－2015）

(%)

年次	男				女			
	未婚	有配偶	死別	離別	未婚	有配偶	死別	離別
1920	2.17	88.30	7.22	2.31	1.80	74.75	20.57	2.88
1930	1.68	88.96	7.42	1.94	1.48	75.18	20.85	2.50
1940	1.75	89.76	8.49		1.47	75.75	22.78	
1950	1.45	91.96	5.34	1.24	1.35	75.20	21.30	2.15
1960	1.26	94.64	2.60	1.50	1.88	75.01	19.96	3.15
1970	1.70	95.38	1.47	1.45	3.33	78.79	13.84	4.04
1980	2.60	94.17	1.28	1.95	4.45	84.71	6.97	3.87
1990	5.57	89.91	1.14	3.38	4.33	85.65	4.93	5.09
2000	12.57	81.78	0.96	4.69	5.82	83.67	3.29	7.21
2005	15.96	77.84	0.82	5.38	7.25	81.68	2.84	8.22
2010	20.14	73.17	0.67	6.03	10.61	77.70	2.37	9.32
2015	23.37	69.80	0.57	6.26	14.06	73.88	1.88	10.18
2020	28.25	64.75	0.50	6.50	17.81	70.07	1.49	10.64

総務省統計局『国勢調査報告』により算出。45～49歳と50～54歳における率の平均値。

は，ひきこもりに特化した専門的相談窓口「ひきこもり地域支援センター」の設置が拡充されています。

（2）コロナ禍の影響

　団塊の世代が一斉にリタイヤした頃，地域社会ではアクティブ・シニアという言葉が流行し，まだまだ体力的には元気な退職者が地域でさまざまな役割をボランタリーに担って，活躍する仕組み（片桐，2017）がさかんに提唱されました。実際，NPO法人を設立したり，ボランティア活動に貢献したりするなど，第二の人生を謳歌するひともたくさん現れました。

　2020年初頭から始まった新型コロナウイルス感染症による社会の状況（コロナ禍）は，これまで地域で活躍してきた中高年の人々の暮らしを一変させました。三密の回避ということがさかんに言われたことや，さまざまな感染症拡大防止対策のもとで，活動を自粛せざるをえなかったひとが多くなり，自助や共助の機運はずいぶん低下してしまいました。今後は，オンラインも活用し，さらに，屋内だけではなく屋外で，密とならないで実施する活動の展開に変化していくことが予想されています。

　一方，家族で過ごす時間が増えたことで，**DV問題**も増大し，メンタルヘルスが悪化したケースも多く報告されています。2021年の「男女間における暴力に関する調査報告書」では，女性の約4人に1人，男性の約5人に1人は配偶者から被害を受けたことがあるとしています。近年は児童虐待死亡事例において，保護者間のDVの存在が明らかにされ，DV・児童虐待の加害者を対象にしたプログラム実施の必要性が指摘されています。

（3）危機を防ぐ鍵は「他者との交流」

　コロナ禍では感染を憂慮する人ほど孤独感が強いことが示されています（豊島・楠見, 2023）。仕事からリタイヤしたり，子どもが独立して離家したり，といった家庭内の役割変化の中で，孤独・孤立を避けるためにはどんな対処法があるのでしょうか。他者との交流を得る行動をとれるかどうかには，性別や性格などの要素も影響を与えます。2005年から2020年まで15年間，2万人を追跡した「中高年者縦断調査」によると，「日頃から何かと頼りにしている相手」について男女で違いが見られたそうです（**図1-1**）。男性は「同居している親族」に偏っているのに対して，女性は「同居していない親族」「近所の人」「友人」などさまざまな「頼りにする人」を持っていることがわかりました。

　ストレスに対する反応として，「**闘争・逃走反応**（fight or flight）」と同様に

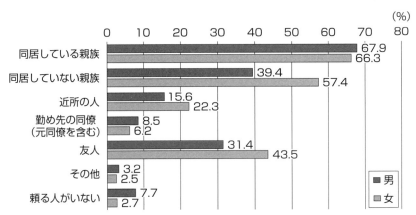

図1-1　性別にみた日頃から何かと頼りにしている相手（複数回答）（厚生労働省, 2021より）
　性別の総数は男7,754，女9,330でこれらを100％としたときの割合を示している。

知られているのが，「**思いやり・絆反応**（tend and befriend）」です。前者は男性に，後者は女性により多く生じるとされてきましたが，社会における男女の役割分担の構図が変化していくことで，対処の反応も変わっていくかもしれません。ともかく，日頃から頼りにできる他者がいることは，心の健康を保ち，安定して過ごすことに寄与することは確かなようです。

（4）高齢者の心理

　老化は心とからだにさまざまな変化をもたらします。性格が変化するという説もあります。若い頃からの特徴がより目立つようになるだけというとらえ方もあります。生涯発達の理論が提示されたことで，高齢者の成長についても言及されるようになりました。エリクソン（Erikson, 1968）は「**叡智**」，ロバート・J・ハヴィガースト（Havighurst, 1953）は「**適応**」を，それぞれ高齢期の発達課題と位置づけました。社会的役割の喪失が自尊心の低下につながらないように，社会貢献につながる活動の重要さも指摘されています（榎本, 2006）。

　知能は加齢によって変化しますが，比較的ゆっくり衰えるため変化が目立たない側面もあります。**流動性知能**と言われる，新しいものを学習したり覚えたりするような力に対して，**結晶性知能**と呼ばれるものは長年の経験から獲得され，言語理解や自制，内省などに関わる知能で，高齢者においても維持されていると考えられています。

　しかし，脳の病的な老化が起きると**認知症**を発症し，認知機能にさまざまな変化が生じます。認知症の半数以上が**アルツハイマー型認知症**とされ，加齢，遺伝的背景などが影響しますが，性格や教育歴との関連性については，見解が分かれています。デヴィット・スノードン（Snowdon, 2001）の修道女の研究では，修道院に入るときに書いた作文によって把握した若い頃の性格や人物像が，認知症によって発現する症状に関連していることが指摘されています。

　一方，**ターマン・スタディ**（Terman, 1925）では，性格が長寿に関連することが報告されています。conscientiousness（誠実性，勤勉性）が長生きした人に共通した性格だというのです。まめに健康的な日常習慣を守ったり，対人関係の維持に努めたりしたことが，長寿につながったとされています。

　地域の課題解決にボランタリーに関わる高齢者には，人とのつながりを保ち，

役割をもって活動を継続することが健康的な生活につながる例をたくさん見出すことができます。高齢者の心理に関しては、こうしたリタイヤ後の人生を充実させることの効果を実証するさまざまな研究が行われています（片桐, 2017）。これらの結果が示しているのは、サルコペニア（筋肉量の減少）やフレイル（加齢による虚弱）を防ぎ、健康長寿を実現させるためにも、つながりを促進し多様な交流機会を確保して、高齢者がいきいきと活躍できる社会の実現が求められているという点です。

第1章のポイント

・人は生涯発達するという考え方に基づき、年齢や発達段階ごとに経験する心理的課題を把握することで、人の心の成長や多様性について理解を深めることができる。
・大学生世代は青年期に相当する。アイデンティティと言われる主体性の確立に葛藤を抱え、心理的に不安定になることもある。対処方法を学ぶことはレジリエンスの向上に寄与する。
・発達段階やその人の生きてきた背景によって生じる、多様な心理状態を理解し、自他尊重の態度の醸成をめざすために、次の第2章で「他者理解」を学ぼう。

■第1章 参考文献
相川 充（1991）．特性シャイネス尺度の作成および信頼性と妥当性の検討に関する研究　心理学研究, *62*(3), 149-155.
Ainsworth, M. D. S., Blehar, M. C, Waters, E., & Wall, S.(1978). *Patterns of attachment : A psychological study of the strange situation*. Erlbaum.
DeCasper, A. J., & Spence, M. J.(1986). Prenatal maternal speech influences newborns' perception of speech. *Infant Behavior and Development, 9*(2), 133-150.
榎本博明（2006）．高齢者の心理　季刊家計経済研究2006 SPRING, *70*, 28-37.
Erikson, E. H.(1968). *Identity : Youth and crisis*. W. W. Norton.(エリクソン, E. H. 中島 由恵（訳）(2017)．アイデンティティ――青年と危機――　新曜社)
Freud, A.(1936). *Das Ich und Abwehrmechanismen*. Internationaler Psychoanalytischer Verlag.(フロイト, A. 外林 大作（訳）(1985)．自我と防衛　誠信書房)
Friedman, H. S., & Martin, L. R.(2011). *The longevity project : Surprising discoveries for health and long life from the landmark eight-decade study*. Hudson Street Press.(フリードマン, H. S.・マーティン, L. R. 桜田 直美（訳）(2012)．長寿と性格　清流出版)
深谷 和子（1986）．「いじめ」青少年の発達的危機の考察　家政学雑誌, *37*(7), 623-627.
Havighurst, R. J.(1953). *Human development and education*. Longmans, Green.(ハビィガースト, R. J. 庄司 雅子（監訳）(1995)．人間の発達課題と教育――幼年期より老年期まで――　玉川大学出版部)
廣瀬 清人・小林 京子（2020）．発達研究における基礎理論の展望　聖路加国際大学紀要, *6*, 26-32.
堀洋道（監修）山本眞理子（編）(2014)．心理測定尺度集Ⅰ――人間の内面を探る〈自己・個人内過程〉――　サイエンス社
片桐 恵子（2017）．サードエイジをどう生きるか――シニアと拓く高齢先端社会――　東京大学出版会
Kesavelu, D., Sheela, K., & Abraham, P.(2021). Stages of psychological development of child : An over-

view. *International Journal of Current Research and Review*, *13*(13), 74-78.

小泉 令三・山田 洋平・大坪 靖直（2017）．教師のための社会性と情動の学習（SEL-8T）――人との豊かなかかわりを築く14のテーマ――（p. 44）　ミネルヴァ書房

小西 行郎（2011）．発達障害の子どもを理解する（集英社新書）　集英社

厚生労働省（2021）　第16回中高年縦断調査（中高年者の生活に関する継続調査）の概況 https://www.mhlw.go.jp/toukei/saikin/hw/judan/chukou21/dl/gaikyou.pdf

子安 増生（編）（2010）．発達の最近接領域――「明日」の発達をみるために よくわかる認知発達とその支援――（pp. 18-19）　ミネルヴァ書房

久保田 まり（2016）．アタッチメントの形成と発達――ボウルビィのアタッチメント理論を中心に――　庄司 順一・奥山・真紀子・久保田 まり（編著）　アタッチメント――子ども虐待・トラウマ・対象喪失・社会的養護をめぐって――（pp. 42-64）　明石書店

Kuhn, M. H., & McPartland, T. S.（1954）. An empirical investigation of self-attitudes. *American Sociological Review*, *19*, 68-76.

黒澤 茜・猪俣 依李・吉永 真理（2016）．大学生の心の健康――睡眠と対人関係へのアプローチ――　昭和薬科大学紀要, *50*, 1-14.

文部科学省（2022）．通常の学級に在籍する特別な教育的支援を必要とする児童生徒に関する調査結果（令和 4 年）について<https://www.mext.go.jp/b_menu/houdou/2022/1421569_00005.htm>

小塩 真司（2016）．心理尺度構成における再検査信頼性係数の評価――「心理学研究」に掲載された文献のメタ分析から――　心理学評論, *59*(1), 68-83.

Piaget, J.（1970）. *L'épistémologie génétique*. Presses universitaires de France.（ピアジェ, J. 滝沢 武久（訳）（1972）．発生的認識論　白水社）

Sacks, O. W.（2015）. *On the move : A life*. Knopf.（サックス, O. 大田 直子（訳）（2015）．道程――オリヴァー・サックス自伝――　早川書房）

桜井 茂男・桜井 登世子（1991）．大学生用シャイネス shyness 尺度の日本版の作成と妥当性の検討　奈良教育大学紀要 人文・社会科学, *40*(1), 235-243.

柴田 義松（2006）．ヴィゴツキー入門（寺子屋新書 pp. 126-130）　子どもの未来社（主な原典：Vygotsky, L. S.（1978）. *Mind in society : The development of higher psychological processes*（Edited by Cole, M., John-Steiner, V., Scribner, S., & Souberman, E.）. Harvard University Press.）

白井 利明（1997）．青年心理学の観点からみた「第二反抗期」　心理科学, *19*(1), 9-24.

Snowdon, D.（2001）. *Aging with grace : What the Nun Study teaches us about leading longer, healthier, and more meaningful lives*. Bantam Books.（スノウドン, D. 藤井 留美（訳）（2004）．100歳の美しい脳――アルツハイマー病解明に手をさしのべた修道女たち――　DHC）

Sroufe, L. A., Eagland, B., Carlson, E. A., & Collins, W. A.（2005）. *The development of the person : The Minnesota study of risk and adaptation from birth to adulthood*. Guilford.（スルーフ, L. A.・イーグランド, B・カールソン, E. A.・コリンズ, W. A. 数井 みゆき・工藤 晋平（監訳）（2022）．人間の発達とアタッチメント――逆境的環境における出生から成人までの30年にわたるミネソタ長期研究――　誠信書房）

鈴木 裕士・山口 創・根建 金男（1997）．シャイネス尺度（Waseda Shyness Scale）の作成とその信頼性・妥当性の検討　カウンセリング研究, *30*(3), 245-254.

庄司 順一（2016）．アタッチメント研究前史　庄司 順一・奥山 真紀子・久保田 まり（編著）　アタッチメント――子ども虐待・トラウマ・対象喪失・社会的養護をめぐって――（pp. 11-41）　明石書店

Terman, L. M.（1925）. *Genetic studies of genius. Mental and physical traits of a thousand gifted children*. Stanford University Press.

豊島 彩・楠見 孝（2023）．新型コロナウイルス感染拡大に対する憂慮が孤独感に与える影響――縦断調査による検討――　パーソナリティ研究, *32*(1), 11-13.

ユニセフ（2020）．ユニセフ報告書「レポートカード16――子どもたちに影響する世界：先進国の子どもの幸福度を形作るものは何か（原題：Worlds of Influence : Understanding what shapes child well-being in rich countries）」

渡邊 芳之（2010）．性格とはなんだったのか――心理学と日常概念――　新曜社

他者を理解する

2.1 多様な価値観を受け入れる

　眼の前のコップに水が半分入っています。皆さんは「まだ半分もある！」と思いますか？　それとも「半分しかない」と思いますか？

　この「**コップの水理論**」はひとの物事のとらえ方の多様性を端的に表した**ピーター・ドラッカー**（P. F. Drucker, 2002）の有名なたとえです。水の入ったコップを見たときに「水」に目がいくのか，「空の部分」に目がいくのかによって物事の受け止め方は正反対になります。

　同様に，「処方された薬の副作用が1％（100人に1人）」と聞かされたときに自分は大丈夫と思う人と，自分がその1人になるかも，と思う人がいます。

　第1章で学んだように，私たちは一人ひとり生まれたときから異なる資質をもち，さらに，成長する過程において異なる環境や対人関係や社会経験の影響を受けながら自分自身の価値観やアイデンティティを確立させていきます。つまり，私たち一人ひとりが，この世の中に唯一無二の存在なのです。

　誰かと良い関係を築くためには，相手を尊重する（他者尊重）だけではなく，自分自身を尊重する（自己尊重）必要があります。そのためには，まず自分自身を理解したうえで，相手を理解しようとする姿勢が重要です。自分自身を大切にできる人は相手のことも大切にできることが多いので，基本的自尊感情を育てることが大事です。一方で，自分と異なるものを丸ごと受け入れることは人間にとって難しいことです。ここでは，初めて会った人をどのように認識するのか，対人認知に影響を与える心理的要因について説明します。

2.1.1 初めて会ったときに抱く印象は？

> **事例2　就職セミナーでの出来事**
>
> 　Mさんは薬学部 5 年生。そろそろ就職のことも考えなければとチェーン薬局が主催する就職セミナーに参加しました。コロナの影響もありオンライン開催でしたが，Mさんは初めての就職セミナーということで髪を後ろで結び化粧も控えめで黒いスーツを着て臨みました。Mさんの母親は常々清楚な服装が一番と言っており，Mさん自身も医療者である薬剤師は清潔感が一番大切だと思っているからです。
>
> 　セミナーでは，4，5 人でグループ・ディスカッションをすることになりました。Mさんのグループでは，パーマのかかった茶髪で化粧もばっちりの女子学生が司会になりました。画面上では参加者の顔しか見えないので，どうしても見た目で判断するしかないのですが，なんて派手で感じの悪い人と一緒になってしまったんだろう，きっとグループ・ディスカッションでも自己主張が強い人に違いない……と，Mさんはすっかり気が重くなってしまいました。しかし実際にグループ・ワークが始まってみたら，その女子学生は相手の話をとても熱心に聴いているので，人は見かけによらないなあと驚きました。

　初めて会った人に対して，相手の外見や態度により何らかの人物像をつくる過程を**印象形成**と言い，形成された印象を**第一印象**と言います。ソロモン・アッシュ（Asch, 1946）による印象形成の実験では，「ある人物の特徴」として性格特性に関する複数の単語（形容詞）を読み上げたとき，読み上げる順序によって形成される人物像に大きな違いがあることが指摘されました。アッシュの実験では中心（central）特性語として，〈冷たい－温かい〉という特性をもつ形容詞の配置で受ける印象が異なるとしました。その後の研究では，周辺的（peripheral）な語であっても，その配位によって印象が異なることが調べられています。リストの最初のほうに配された言葉が全体の印象に影響を与えた場合を**初頭効果**，最後のほうに位置する言葉が全体の印象に影響を与えた場合を**新近効果**と呼んでいます。

　Mさんは同じグループになった女子学生の外見や態度を見て，話をする前から感じの悪い人だと決めつけてしまいました。その背景として，Mさんは母親から常々清楚な服装が一番と言って育てられ，Mさん自身も医療者である薬剤師は清潔感が一番大切だと思っていることがありました。このように，認知する側がこれまでの人生経験や成育環境などから形成された無意識の価値観（**暗**

黙のパーソナリティ理論：ジェローム・S・ブルーナーとレナト・タギウリ
[Bruner & Tagiuri, 1954]）により相手に対して先入観や固定観念をもってし
まうことがあります。実際に話してみると最初にイメージした人物像と大きく
異なっている場合も多いのですが，第一印象がその後の対人関係に与える影響
は大きいことが知られています（Mehrabian, 1981）。第一印象でいいイメージ
をもった人に対しては無意識のうちに好意的に関わることにより相手も好意的
に呼応して接し，結果的にお互いプラス認知が強化されます。一方で，第一印
象でネガティブなイメージをもった相手には無意識のうちに苦手意識を抱き，
相手もその気配を察して避けるようになり，結果として関係が悪化するという
悪循環に陥ってしまうことがあるので注意が必要です。

　このように，相手に抱く肯定的な対人認知が，言葉かけや態度などさまざま
なメッセージとして相手に伝わり，そのメッセージに相手が応えた行動をする
ことをギリシャ神話のピグマリオンにちなんで**ピグマリオン効果**と呼びます。
また，一度プラスのイメージをもった相手に対して，他の部分もすべて良く見
えてしまうような傾向は**ハロー効果**と呼ばれています。

　Mさんが隣の女子学生に「自己主張が強い」という第一印象をもった背景に
は，Mさんのこれまでの人生経験から「化粧が派手な人は自己主張が強い」と
いう先入観が刻まれていたことが関係しています。このように，Aという特性
をもった人は必ずBという特性をもっているはず，と決めつける傾向は**論理的
過誤**と言われています。また，過度に単純化，固定化されたイメージ（例：大
阪人は面白い）を**ステレオタイプ**と言います。

　相手を深く理解しないまま，表面的な情報から極端な先入観や固定観念をも
つことは，結果として相手を自分の枠に当てはめて判断することになり，相手
をあるがままに受容し尊重することを妨げてしまうこともあります。

コラム②　認知的均衡理論（バランス理論）

　アメリカの心理学者であるフリッツ・ハイダー（Heider, 1958）によって提唱
された認知的均衡理論（バランス理論）をご紹介します。Pを自分，Oを他者，
Xを対象とします。この三者の間で不均衡状態が発生したときに，人間は均衡状
態にしようとすることを示した理論です（**図2-1**）。たとえばプロ野球のチーム（X）

のなかで，あなた（P）は巨人が好き，でもあなたの恋人Oさんは阪神が好きでアンチ巨人だとします。好きなチームが異なることで，あなたとOさんの関係は不均衡状態にあります（⑤）。均衡状態になるための選択肢としては，あなたが巨人を嫌いになる③か，Oさんに巨人を好きになってもらう①か，またはあなたがOさんと別れる④か，です。さて，あなたならどうしますか？

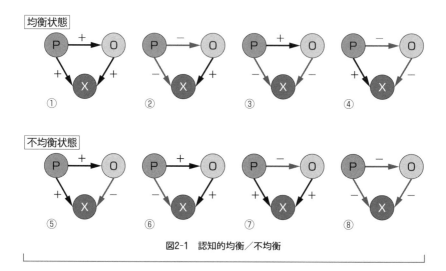

図2-1　認知的均衡／不均衡

2.1.2 自己開示

　先に述べたように良好な対人関係を築くためには，まずは自分自身を理解することが大切です。そして，自分自身をどのように相手に見せるか（自己開示）も重要です。ジョセフ・ルフトとハーリー・インガム（Luft & Ingham, 1955）は対人コミュニケーションの際の自己理解のモデルとして**ジョハリの窓**を提案しました。

　ジョハリの窓は，**表2-1**のように自己を4つの領域に分類し，自分に関するすべての側面を「自分は知っている（気づいている）／知らない（気づいていない）」「他者は知っている（気づいている）／知らない（気づいていない）」の4領域に分けました。第Ⅰの「**開放領域**」は自分も気づいているし，他者も気づいている領域，第Ⅱの「**隠ぺい領域**」は自分は気づいているが他者は気づいていない領域，第Ⅲの「**盲点領域**」は自分は気づいていないが，他者は気づ

いている領域，第Ⅳの「**未知領域**」は自分も他人も気づいていない領域です。

「開放領域」は自分自身が受け入れた自己イメージを他者にも開放している
ので，自己評価と他者評価が一致している部分とも言えます。「隠ぺい領域」
は自分では気づいていても他者には知られたくない領域なので，これが大きい
と他者との関係でも不都合が生じやすくなります。一方で，「盲点領域」は他
者は気づいていても自分では気づいていない部分なので，自己評価と他者評価
に乖離やギャップが生じやすく，他者からの指摘を自分自身が受け入れにくい
場合は対人関係に支障が出てしまう場合もあります。認識のズレを少なくする
ためには，相手とコミュニケーションをとることにより自分自身の気づきを深
めていく必要があります。さらに，あるがままの自分を受け入れるためには，
自分自身を尊重する感情（自尊感情）の醸成も重要です（p. 13参照）。

　良好な対人関係を築くためには，まず自分自身を理解し尊重することが大切
であるというのが，このことからもわかります。

表2-1　ジョハリの窓（Luft & Ingham, 1955より）

	Known to Self 自分は気づいている	Not Known to Self 自分は気づいていない
Known to Others 他者は気づいている	Ⅰ Area of Free Activity 自由な活動の領域（開放領域）	Ⅲ Blind Area 見えない領域（盲点領域）
Not Known to Others 他者は気づいていない	Ⅱ Avoided of Hidden Area 回避された隠された領域（隠ぺい領域）	Ⅳ Area of Unknown Activity 未知なる活動の領域（未知領域）

2.2　相手の立場になって聴く

　相手を理解するためには相手の立場に立って考えることが重要であると常々
強調されており，頭では理解しているつもりでも，実際はなかなか難しいこと
です。

　相手の話を聴くコミュニケーションの基本として，**傾聴**，**受容**，**共感**が必須
のものとしてあげられますが，実際に実行するには数々の障壁があります。な

ぜ難しいのでしょうか？　ここではいくつかの観点から考えます。

　まず相手の話を聴く姿勢について考えてみます。**傾聴**は active listening と言われるように能動的な活動です。聴き手が相手の話を聴こうという意思をもって初めて成り立つので，相手に関心をもつことが相手の立場に立つ第一歩と言えます。耳と心を傾けて相手の話を聴く気持ちがあれば，おのずと相手に集中した姿勢（前傾姿勢で視線も合わせるなど）になるでしょう。また，聴いていることが相手に伝わる態度として，うなずく，相手の話を繰り返す，などの基本的なスキルが知られています。このように姿勢や視線や態度などの非言語的なメッセージは，「聴いていますよ」という強いメッセージになります。

　受容とは，相手の言動をすぐに評価せず，まずはありのままに受け容れる姿勢のことです。薬剤師としては飲み残しが多い患者さんと対応した際に，理由を聴く前に指導をしたくなってしまいますが，受容的な態度で話を聴くと患者さんは安心して自分の気持ちや薬を飲み残す理由などを話せるようになります。

　次に**共感**について考えます。共感とは文字どおり“共に感じる”ということですが，似た言葉に同情，つまり“同じ感情になる”があります。このふたつは似ているようで実は大きく異なります。たとえば，患者さんが「病気でつらい」と涙を流したとします。この患者さんはこの症状のせいでつらいんだな，のように患者さん（相手）を主語としてその感情を理解することが共感です。一方で，患者さんの訴えを聞いて，私も同じ経験がある，あのときは本当につらかった……のように薬剤師自身（自分）が主語になってしまうことを同情と言います。日常の会話では共感と同情の違いをそれほど意識しないと思いますが，**医療者**としてはその区別は重要だと考えています。

　薬剤師が患者さんのお話を聴くときは，単に患者さんの感情を聴くのではなく，その背景や今の状態についての患者さんの理解（解釈モデル）を含めて聴くことが重要です。しかし患者さんの話を無心で聴くのは非常に難しく，話の内容によっては自分のことを思い出してしまったり，相手の意見に賛成できず口を挟みたくなったりと，さまざまな邪念が浮かびます。相手の話を批判せずに受容し，相手の感情に共感するためにはどうすれば良いのでしょうか？　そこで必要となるのがいわゆる**メタ認知**です。つまり，自分自身を俯瞰して見ることにより，相手の感情に巻き込まれずにいられる立ち位置での認知枠組みで

す。メタ認知を身につけることは，特に医療者にとって必要なことです。

　相手の立場に立つということは，相手とまったく同じ感情になってしまうのではなく，主体と客体をバランスよく保つことにより，相手をそのまま受け容れることなのです。

ワーク2　同情と共感の違い

患者　　「病気でつらい」
薬剤師　「つらいのですね……」

薬剤師の心の中のセリフを考えてみましょう。

　　　　同情の場合　　　　　　　　　　　　共感の場合

「そういえば，母が手術したとき私も本当につらかった。私はまだ学生で……」いつのまにか自分のことを主に考えてしまっており，真に相手の心情を受け止めて寄り添っていない状態です。	「患者さんはつらいんだろうな，きっと」具体的に，深く相手の思っていることそのものを知ることはできないけれども，相手がつらい状況にある，ということについて理解し，その状況をできるだけ想像して寄り添おうとしています。

イラスト：Ⓒ石井デザイン研究所／徳重里美

解説
同情は，たとえば，「自分もあのときつらかった」のように自分の体験に基づく理解をすること。自分が主語になっている。
共感とは，「患者さんはこの症状のせいでつらいんだな」のように専門性に基づく理解をすること。患者さん（相手）が主語になる。

2.3 ▶ 自他尊重のコミュニケーション：アサーション

2.3.1 適切な自己主張とは

> **事例3** **スイーツのお店で**
>
> 　スイーツ好きのE美さんは，ある日，友人のR絵さんと美味しいと話題のスイーツのお店に行きました。20分ほど並んでようやくお店に入り，事前に調べた人気ナンバーワンのパフェを注文しました。注文してからもだいぶ待たされた挙句……運ばれてきたのは注文したものと違うものでした。
>
> 　E美さんはこんなに楽しみしていたのに！　と怒りがこみ上げ「違う‼　取り替えて‼」と叫びました。横ではR絵さんが，「お店が混んでいるから仕方がないよ……我慢しよう」とボソボソと言っています。

　この事例のような状況に置かれたとき，皆さんはどのような対応をするでしょう。事前調査までして楽しみに待っていたスイーツなのに，運ばれてきたのが自分が注文したものではなかったとき，それを我慢して食べるのは自分の気持ちに忠実とは言えませんが，やみくもに怒鳴りちらしたとしたら，相手を傷つけ，自分も気まずくなってしまうでしょう。

　自分の意思も尊重しながら相手を傷つけないで自分の想いを伝えることは非常に難しいコミュニケーションです。自分も相手も大切にするためには，まず自分の気持ちや考えを自分自身がしっかりと理解していることが前提となります。そのためには第1章の自己理解の考え方が重要になります。

　自分自身の考えが把握できたら，次にそれを相手が受け入れやすいようにどう伝えるか，がポイントになります。ここではアメリカで広まった「**アサーション理論**」について紹介します。アーノルド・ラザラスと共にアサーション・トレーニングを開発したアメリカの心理学者ジョセフ・ウォルピィは，葛藤が生じた際のコミュニケーションは3つのタイプに分かれると提唱しています（Wolpe & Lazarus, 1966）。

　①**ノンアサーティブ（非主張的）**：自分では気のすすまない頼まれごとをされたときも断れずに相手の要求に合わせてしまうタイプです。自分の気持ちを

相手に伝えず我慢しているので，長く続くと心の中に相手への不満が溜まっていってしまいます。

　②アグレッシブ（攻撃的）：相手が自分の意図と違う行動などをしたとき，理由も聞かず頭ごなしに怒るようなタイプです。自分の感情だけをぶつけてしまうので，攻撃された相手は傷ついたり，不快感をもったりしてしまいます。

　③アサーティブ（主張的）：自分の気持ちも大切にしつつ相手にも配慮できるタイプです。自分の気持ちや考えを率直に伝え，相手の意見も素直に聞き，お互いの妥協点を探っていくことで建設的な解決策を見出すことができます。

　先ほどの事例3では，E美さんはアグレッシブタイプ，R絵さんはノンアサーティブタイプと言えます。

2.3.2 アサーティブになるために
（1）適切な言葉を用いた気持ちの伝え方

　誰かと話した帰り道，ああ言えばよかった，こう言えばよかったと，後になって，ぴったりな言い回しや言葉が思い浮かぶことがあります。毎日，何人もの人とたくさんの言葉を使って会話をしていても，いざというときに自分の気持ちをうまく表現したり，考えていることを伝えたりすることは難しいものです。親しい間柄でもそうならば，よく知らない相手とのやりとりではなおさらです。また，人柄や過去の経験によって，気持ちを表現するのが得意な人と，どちらかというと苦手な人もいます。

　気持ちを表現する力に最も関わっているのは，言葉を実感できる体験をどれくらい得ているかということです。知識としてもっている言葉を実感として理解して，会得して，自らも使えるかどうか，という点が重要です。そのためには，安心して気持ちを表現できる相手には，伝える機会をできるだけもつことが役立ちます。トレーニングを重ねることで，適切に気持ちを伝えるスキルを高めていくことができるからです。

　スキルとして獲得しておくとよいことのひとつが「**私（ I ）メッセージ**」です。「あなたに○○○してほしい」などの，「**あなた（You）メッセージ**」は相手に批判的に聞こえたり，相手を傷つけてしまったりする恐れもあります。「私

は〇〇〇してほしい」のように主観的な気持ちを表現したほうが伝わりやすい
と言われています。

　言葉を使ったコミュニケーションには，ほかにも，双方向，開放的質問，共
感的繰り返し，といったスキルを用いることでより伝えやすくなり，気持ちを
通わせあったり，信頼関係を構築したりするのに適する方法があります。聴力
に障害のある人との間で用いる**手話**も言語的コミュニケーションのひとつです。

（2）アサーション DESC

　相手を尊重しながら自分自身も大切にしたコミュニケーション・スタイルが
取れれば，チーム内の人間関係もスムーズになり，提供できる医療の質も上が
るでしょう。

　アサーションは，前述したように適切な自己表現をめざしたコミュニケー
ション・スキルのひとつとして1950年代のアメリカで行動療法から生まれ，80
年代に日本へ紹介されました（平木, 1993）。アサーションとは「人は誰でも
自分の意思や要求を表明する権利がある」との考え方に基づいて自分も相手も
尊重した適切な自己表現を行うことであり，それをめざしてコミュニケーショ
ン・トレーニングが行われています。

　アメリカで生まれたアサーション・トレーニングが日本に導入され発展して
きた背景には，察し合いの文化から自分の考えや意見の主張を必要とする文化
への社会的変化が影響しています。特に多くの職種が関わる医療現場は一種の
異文化コミュニケーションと言え，スムーズに事を動かすためには適切な自己
表現が必須となります。

　アサーション・トレーニングの中で具体的な自己主張の方法として提案され
ているものに，**アサーション・デスク（DESC）**があります（**図2-2**）。DESC
とは，「Describe：描写する」「Explain：説明する」「Specify：提案する」
「Choose：選択する」の4つの頭文字を取ったもので，アメリカの心理学者ゴー
ドン・バウアーら（Bower & Bower, 1976）によって提唱されました。

　先ほどの事例3をDESCに当てはめてみると，以下のような会話になりま
す。

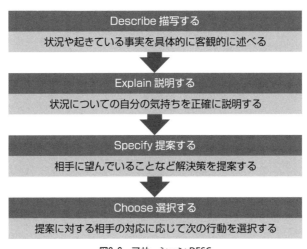

図2-2　アサーション DESC

D：このパフェは注文したものと違います。

E：今日はこのお店でナンバーワンのパフェを食べたくて，友達とずっと並ん
　　で待ってようやく順番が来たんです。

S：せっかく作っていただいたのに申し訳ありませんが，注文したパフェに代
　　えていただけますか？

店の人が OK の場合は，

C：ありがとうございます！

店の人が NO の場合は，代替案を提案していきます。

　この方法は実際に言葉に出さなくても，頭の中でシミュレーションをしてみ
るだけでも効果があると言われています。

（3）非言語で伝える

　言葉以外にも気持ちを伝える方法はあります。表現，身振り，しぐさ，姿勢，
声の調子やテンポ，相手との距離や目線の合わせ方，などです。非言語コミュ
ニケーションは，自然にすることはなかなか難しい場合もあります。何度もさ
まざまな場面で使用することで，より適切に使用することができるようになり

ます。赤ちゃんが言葉を話すようになるのは，いつのまにかできるようになっていると思うかもしれませんが，実は，無数の場面で周囲の人たちとやりとりするなかで，獲得しているスキルでもあるのです。さまざまな状況で，思い切って，言語的，非言語的に気持ちを表現し，意見を表明する経験をすることが，コミュニケーション・スキルの向上には大切であると言えます。

第2章のポイント

- 価値観は多様であり，どのひとも大切な存在で，対人関係においては自他尊重の考え方が重要である。
- 自他尊重のコミュニケーションの方法のひとつがアサーションである。アサーションは DESC に当てはめてシミュレーションをするなど，トレーニングによって修得することができる。
- コミュニケーションの方法として非言語も重要で，無数の場面で使われている。自分の気持ちを表現する機会をより多く体験することがコミュニケーション・スキル向上には不可欠である。

■第2章 参考文献

Asch, S. E.(1946). Forming impressions of personality. *Journal of Abnormal and Social Psychology, 41* (3), 258-290.

Bower, S. A., & Bower, G. H.(1976). *Asserting yourself.* Addison-Wesley.

Bruner, J. S., & Tagiuri, R.(1954). The perception of people. In G. Lindzey (Ed.), *Handbook of social psychology* (vol. 2, pp. 634-654). Addison Wesley.

Drucker, P. F.(2002). The discipline of innovation. *Harvard Business Review* ; Aug., 2002.

Heider, F.(1958). *The psychology of interpersonal relations.* John Wiley & Sons.

平木 典子（1993）. アサーション・トレーニング──さわやかな〈自己表現〉のために── 日本・精神技術研究所

Luft, J., & Ingham, H.(1955). The Johari Window : A graphic model of interpersonal awareness. Proceedings of the western training laboratory in group development. UCLA Extension Office. <http : // www.convivendo.net/wp-content/uploads/2009/05/johari-window-articolo-originale.pdf>

Mehrabian, A.(1981). *Silent messages : Implicit communication of emotions and attitudes* (2nd ed.). Wadsworth.

Wolpe, J., & Lazarus, A. A.(1966). *Behavior therapy techniques.* Pergamon.

第Ⅱ部
患者を理解するための心理学

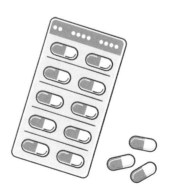

第❸章
患者の心理

3.1 患者になるということ

3.1.1 健康の定義

　1947年に制定された **WHO 憲章**（Constitution of the World Health Organization : Principles）では，「**健康**は，身体的にも精神的にも社会的にも完全に良好な状態をいい，単に病気がないとか病弱でないということではない」（Health is a state of complete physical, mental and social well-being and not merely the absence of disease or infirmity.）と定義しています。一方，**疾病**とは生理的機能の障害が起こり，全身，部分，または器官の機能異常が顕在化した状態であるとされ，**disease** という単語で言い表されます（鈴木・大塚・柏崎, 1990, p. 83）。疾病は通常，特定の徴候と病状の組み合わせによって特徴づけられますが，無症状でも各種検査結果が異常な場合もあります。こうして主観的な健康度は低くないのに疾病であると診断される場合があります。逆に，機能異常が顕在化しなくても主観的には「病んでいる」と感じられる場合もあります。この状態は **illness** とされます。

　患者とは，病気で医者の治療を受ける人と，辞書にはあります。患者になるかどうかということは，その人が受けた医療による診断だけでなく，自分自身，あるいは周囲の病についての感覚や考え方の影響を大きく受けるものなのです。佐々木（2002, p. 9）は「ラグビーボールの図」（**図3-1**）と名づけて，そのことを説明しています。健康に問題があっても，すべての人が適切な医療を受けられるわけではありません。患者になることは，多くの外的な要素に左右されると言えます。

　実際に患者になると何が起こるのでしょうか。かつて社会学者のタルコッ

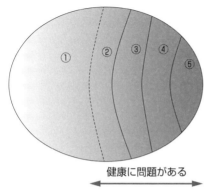

①健康
②気づかない
③気づいているが何もしない,
できない
④保健所や診療所などなら利
用できる
⑤専門病院を利用できる

健康に問題がある

図3-1　ラグビーボールの図（佐々木, 2002より）
半分より少し少ないくらいの健康な人々から，一番右端には専門病院も利用できる人々
というように，医療へのアクセスには異なるレベルが存在することを示す。

ト・パーソンズは「病人役割」を「第一に，通常の社会的役割を遂行する義務
を免除されるという特権，そして第二に，自力で回復する義務からも免除され
る権利，第三に，病気を望ましくない状態と認めてそこから回復しようと努め
る義務を負い，第四に，専門家に援助をもとめ，専門家と協力して治療にあた
る義務が与えられる」と定義しました（Parsons, 1951／邦訳, 1974）。パーソ
ンズは医師の役割も規定して「**医師－患者関係モデル**」を構築しました。その
関係性は，患者は弱者であり医師の指示に従う受動的な存在であることが期待
され，医師が主体的・能動的に患者に働きかけるというものです。しかし医師
の**パターナリズム**[1]は今日では否定され，パーソンズの医師－患者関係モデル
はヒエラルキカルであることを自覚し，患者自身の独自の治療努力の継続性を
十分認識することが重要であると指摘されています（藤崎, 1993）。藤崎が紹
介している，半世紀以上前にトーマス・サズとマイケル・ホランダー（Szasz
& Hollender, 1956）によって提唱された「**相互参加モデル**」は，医療者と患者
が相互にコミュニケーションを取りながら情報を共有し，患者にとって最善の
意思決定をしていくという考え方です。このモデルは，超高齢社会を迎え，世
界中で生活習慣病が重要課題として取り上げられている今日の社会では，医師

1）家父長主義ともいい，医師が患者の意思に関係なく治療等の選択や実施をすること。

－患者関係として最も現実的であると言えます。

3.1.2 心と体のかかわり

　人の心と体は密接に関連しており，心理的負担を感じると，さまざまな身体的不調が引き起こされ，逆に，身体的に何らかの問題を抱えていると，心理的にも不調がもたらされることがあります。

　心身相関に関する現象として古くから知られているのが，**ブードゥーデス**（Voodoo death）です。ブードゥーとは，おまじない・呪いという意味で，呪いをかけられると死んでしまう現象がニューギニアやオーストラリアの一部地域にかつて実際にあったとされています。ウォルター・キャノン（W. B. Cannon）はブードゥーデスという現象に関する論文や著作物を調べるうちに，**象徴的ストレッサー**という考え方に行き着きました。「呪いをかけられると死んでしまう」と強く信じていると，呪いをかけられたとたん，強いストレスを感じます。ストレスに抵抗しても無駄だという感情も同時に起こって，抵抗するための反応がうまく機能しなくなり，ストレスの影響を強く受け，ついには死んでしまう，という考え方です。キャノンは実際に現象を観察したわけではなく，資料をもとに組み立てた仮説を示しました。その後多くの心理学者や人類学者がこの現象を研究し，実験では「助かる見込みがないこと」で抵抗力が減じてしまうことが示されました。また，人類学者のフィールド調査からは，「死ぬと新しい命が宿る」という死生観のもと，呪われた人は日の当たる場所で死を待つように横たわり，やがて脱水症状が起きたことが直接の死因であると示されています。

　こうした例を引くまでもなく，心身相関は古くから知られ，さまざまな対処法が提案されてきました。心身症と言われる状態に関しては，近年では，心理的なストレスや感情のような心の動きがどのようにして体の反応を引き起こすのかというメカニズムの研究が進んできました。最新の研究では，心理や情動を処理する心の領域と，体を調節する領域とをつなぐ心身相関の神経伝達路が，大脳皮質の中のDP／DTT（背側脚皮質／背側蓋紐）であることが見出されました（Kataoka et al., 2020）。新しい知見によって，心身症の治療は新たな展開の可能性が出てきていますが，臨床応用までにはもう少し時間がかかること

が予想されます。薬物療法や心理療法の併用とともに，休息の確保等の環境整備が重要です。

3.1.3 治療の侵襲性を理解する

医師－患者関係が変化し，**患者参加型医療**や**共同意思決定**（shared decision making: SDM）など新しい考え方が医療の中に広がっているなかで，患者になるとはどういうことなのでしょうか。患者になると，以下の3つのことが起きてきます。

第一に，行動を制限されます。治療は，在宅でも入院でも患者の行動をなんらかの形で制限することになります。これまでの生活習慣の変更が必要となるのです。入院ともなればパジャマへの着替え，特定の病室での生活，食事や就寝時間の遵守などさまざまな制限がかけられます。

第二に，今日の新しい医療倫理の枠組みの中では，患者は自分で決めることが求められています。インフォームド・コンセントにより十分な説明を受けた後に治療方法について自ら決定するように決められてしまっているのです。どのように徹底したインフォームド・コンセントが実施されても，患者が入手できる情報は医療者が提供するものにほとんど限られています。その中での「選択」を強いられる立場に患者はおかれることになります。

第三に，「治すための治療」が始まってもすぐに治癒するわけではなく，むしろ当初は力を奪われ，ときにはさまざまなことが自力ではできなくなり，患者は弱ることになるのが普通です。

患者の側から見た医療の行為や医療者の態度は，どれほど倫理規定を守り，治療や共感のスキルを訓練し会得した医療者であっても，「侵襲的」であると言えます。たとえば，点滴，採血，手術，そして服薬もすべて身体に外部から何かがなされるという**侵襲性**を伴っています。医師や看護師に比べると薬剤師の侵襲性は自覚しにくいのですが，それだからこそ十分に留意する必要があります。

患者の体験はいつも唯一無二なのですが，その体験は医療者から見れば大勢の中の一人に対する，何回も日常的に繰り返される行為の中の一回でしかない，という大きなギャップが存在しているのです。また患者はその体験の結果は知

るよしもないのですが，医療者はこの先どうなるかを知っているがゆえに，患者の訴えに対して「じきに慣れますよ」などと答えてしまうことがあります。実際に，「慣れる」のでしょうが，慣れなければいけない状況に患者は大きなショックを受けています。自分にとってのこの特別な体験に対して「慣れる」という受け答えは違和感をもたらすのです。「（少したてば慣れるから）我慢しなさい」と聞こえてしまうのです。病気になったという経験のインパクトの体験の大きさが理解されていない，という気持ちを味わうのです。医療者は「慣れる」をポジティブな意味で用いることが多いのですが，しかし，患者の立場からは「慣れる」とは「諦める」ことにとても近い感覚です。変わってしまった自分を受け入れることが慣れることになるのです。しかしながら，毎日が日常的な医療行為の連続である医療者は，こうした患者の非日常的経験からもたらされる気持ちにセンシティブであることが難しいのも事実です。こうした中から，Narrative Based Medicine：NBM（p. 42参照）のような，患者の語りを重視する医療の在り方が模索されるようになってきたと言えるでしょう。

3.1.4 病気受容のプロセス

　ピンチはチャンスなどと言われます。人生万事塞翁が馬とは，どの人の人生にも良いときもあれば悪いときもある，楽しいことも辛く悲しいことにも出会うのが人生という意味です。思わぬときに陥るピンチや予測しがたく突然襲われる出来事をジェラルド・キャプラン（Caplan, 1961, 1964）は「**危機**」（**クライシス**）と呼び，「人生上の重要目標が達成されているのを妨げられる事態に直面したとき，習慣的な課題解決法をまず始めに用いてその事態を解決しようとするが，それでも克服できない結果発生する状態である」と定義しました（山本, 2006, p. 73）。さらに，危機状態の期間の反応には典型的な段階があるとしました（**図3-2**）。

　キャプランは，危機状態とは「ひとりで対処できないときに専門的な，あるいは一般的な介入や助けを必要とする状態である」として，**危機介入理論**を提唱しました。個人のレベルの危機状態に対して治療的介入方法を取り扱ったのはジークムント・フロイト (S. Freud)，ハインツ・ハルトマン (H. Hartmann)，サンドール・ラドー（S. Rado），エリクソンであり，地域社会のレベルで情緒

第一段階：急激な緊張
解消と平衡保持のために習慣的問題解決反応が喚起される

第二段階：緊張動揺の増大と不安
新たな対処方法を求める動機が強まる

第三段階：ある解決への到達
新しい内的・外的資源が動員され解決すべき問題が明確化する／新しい資源の導入が不適切で結果的に緊張と不安が持続

第四段階：解決されないために残る緊張と不安の抑圧
なんらかの平衡状態だが未解決問題や葛藤を抱える

図3-2　キャプランの危機状態の反応の段階（Caplan, 1964 より）

的混乱の予防と精神健康の維持が実際に可能であることを最初に実証したのはエリック・リンデマン（E. Lindemann）であるとされます（山本, 1986, pp. 71-72）。さらに個人および集団の危機に関する概念を整備したのはキャプランで，リンデマンとともにコミュニティメンタルヘルスの多様なプログラムに影響を与えました（山本, 1986, p. 73）。

　人は危機に出会うと，まず特別に対処する必要があるかどうかを自問し，通常の方法では対応できないと判断すると，周囲の力も借りて対処しようとします。しかし，それでもうまく対応できないとき，深刻な問題を抱えてしまいます。そのようなときに，どのような介入とサポートが必要となるでしょうか。危機理論では本人の自発性を促す**エンパワーメント**とともに，環境整備にも取り組みます。ときには，身近な環境だけではなく，人々の適応に資する制度や仕組みなど，より広い社会の中での変革が必要なときもあります。

　危機を受容して乗り越えていくプロセスを段階によって表現したり，心理的な状態の違いを要素として抽出したり，軸を設定して事象化したり，いくつかの方法でモデルの構築が試みられています。危機は，**喪失**という誰もが人生で幾度となく経験する体験のたびに，人々の心身健康にさまざまな影響を与えま

す。死，余命の告知，病気，障害，被災等に遭遇して，心身に大きな影響を与える出来事とその後の反応過程はさまざまな研究で取り扱われています。

　段階説は，代表的な**エリザベス・キューブラー＝ロス**の「死にゆく患者の心理的プロセスモデル」（**「死の受容」の 5 段階説**）（Kübler-Ross, 1970；山崎他, 2022），フィンクの「**危機モデル**」（Fink, 1967）などが知られており，驚きやショックの段階から，否定や退行を経て，受容・承認，そして適応に至ることが説明されています。チャールズ・コールのタスク基盤型アプローチ（Corr, 1991-1992）では身体的，心理的，社会的，霊的領域における具体的対処が示されており，支援者にも有効な示唆を与えるとされます。患者と看護師の象徴的相互作用に着目したジーナ・コップ（Copp, 1997）は，身体と自己の分離に焦点を当てています。患者や家族の死の受容過程以外にも，危機を経験し，その状態を受け入れて，治療やリハビリテーションに取り組んで前向きに生きていく受容過程は，医療分野でさまざまな角度から検討されてきました。段階説は示唆的ですが，対象の個別性を見失わないよう留意する必要があります（山勢, 2007）。

🈁コラム③　病と疾患：ナラティブという考え方はどこから来たか

　病気になるというのは，多くの場合，本人にとっては突然の出来事ですが，治療が始まるとさまざまなことがわかってきて，医師からの説明がなされます。検査結果などのデータをもとに，どのようにして病気になり，今がどのような状況で，今後の見通しはどうなるか……，こうした説明を聞きながら，患者はどこか物足りなさを感じてしまうことがあります。

　現代の科学的医療では「どうやって病気になっているのか」という説明が，科学の進歩によってかなり詳細にできるようになっています。これはいわば How に関する答えといえるでしょう。

　しかし，前述した危機理論やさまざまな受容の理論やモデルが提示しているように，患者はむしろ遭遇した事態はなぜ起こったのかという Why を自問しがちなのです。なぜ，私が……。なぜ，今なのか……。なぜ，この病気なのか……。なぜ，予後はこうなのか……。心も頭も Why でいっぱいになってしまっています。そして，現代の科学的医療では Why には答えられません。

　こうした患者の心と医療のすれ違いに気づいた医療人類学者，アーサー・クラ

インマン（Kleinman, 1988）は患者が悩むのは illness（病）であり，医療が取り扱うのは disease（疾患）であると定義してみせました。disease は医療技術を用いて治療するが，illness を癒すのは患者と医療者の関わりや，患者とその周囲の人々や環境との相互作用によるものだというのです。癒すためには患者の話（ストーリー）に耳を傾ける必要があります。当時，医療人類学という分野が注目された時期でもあり，現代の科学的医療の相対化がさまざまなレベルでなされる中で，emic や etic[1]といった視点が取り入れられ，対話重視の方向性となっていきました。患者の語りはナラティブ（narrative）と呼ばれ，現代科学が重視する EBM（Evidence Based Medicine）とともに全人的医療として重要な NBM（Narrative Based Medicine）として位置づけられるようになりました。

　語りの重要性は必ずしも，全面的な同意や承認によってなされるものではありません。たとえば，認知症患者が数名で談笑している場に近づいて耳を傾けたときに，そこにいた一人ひとりがまったく関連のない会話をそれぞれ発していたのに，楽しそうに笑い合っていることがあります（大井, 2008）。この状態は「偽会話」と名づけられています。情報共有はできていないのですが，情動のレベルではともに楽しむというコミュニケーションが成立しているというのです。同じ立場には立てないとか，非科学的な言動には同意できないなど，医療者と患者の間に越えられないギャップを感じるときはありますが，話者の気持ちに対して，共感・傾聴するという態度がいかに重要かを表すエピソードです。

3.1.5 さまざまなコーピング

　疾患や障害の受容過程の初期段階は否定や退行が表出されます。これらは**心理的防衛機制**とも呼ばれています（**表3-1**）。精神分析理論に基づく概念で，退行，抑圧，反動形成，合理化，抑圧，投影，知性化，同一化，否認，昇華，置き換え，などがあります（樫村, 2020）。必ずしも病的な反応ではなく，健康な人も同様な機制を機能させ適応をはかっています（玉瀬, 2013）。こうした適応的な対処は，**コーピング**（**対処行動**）と呼ばれるものとも関連しています。

　コーピングはしばしば，**問題焦点型**と**情動焦点型**に分けられますが，後者に含まれている回避型を別に独立させて分ける立場もあります。最も適応的な

1）関係者の中でのみ通用する，つまり固定したコード（emic）なのか，それともシステムの外部からの客観的な，つまり比較の過程が入るコード（etic）なのかという視点。

表3-1　主な防衛機制（川瀬他, 2015を参考に作成）

抑圧	不安や苦痛の原因となる欲求や感情などを無意識のなかに抑え込むこと。防衛機制の基底となる。
退行	早期の発達段階へと後戻りすること。たとえば，排泄自立した子が下に弟妹が生まれたとたんにおねしょをするようになるケース。
反動形成	ある欲求が行動化されないように，それと正反対のことをすること。たとえば，憎しみをもつ相手に対して逆に親しげに接近を試みるケース。
合理化	自分の失敗を認められず，何らかの口実をするなどして正当化するケース。
投影	子は一流大学へ進みたいのだと思い込んでいる親には，実は自らのかなえられなかった欲求を子に映し込んでいるケースがある。
知性化	抑圧されている欲求や感情を知的に客観化すること。たとえば，自分の病気に不安をもつ人が医学書を読みふけるケース。
否認	受け入れがたい現実や体験を受け入れようとしないケース。たとえば，重大な疾患の告知を受けた場合などにみられる。
昇華	直接的に表現すると不都合が生ずる欲求や感情を，社会に認められた形で表現すること。たとえば，青年期にスポーツに打ち込むのは性欲や攻撃性の昇華であると言われることがある。しかし非常に適応的であるとも言える。
置き換え	自らの感情を本来向けるべき対象に向けることをせずに他の対象に向けるケース。八つ当たりが典型。

表3-2　「死の受容」の5段階説

第1段階	否認と孤立	denial & isolation
第2段階	怒り	anger
第3段階	取り引き	bargaining
第4段階	抑うつ	depression
第5段階	受容	acceptance

コーピングは，これらの焦点型の中の特定のコーピングに偏らず，いずれも利用する対処法です（Folkman & Lazarus, 1980）。

　キューブラー＝ロス（前掲）が死を受容する過程の理論を考え始めるきっかけになったのは，イタリアの孤児院で子どもたちの愛着形成とその後の成長発達について調査報告したボウルビィの理論（Bowlby, 1951）に啓発されたことが始まりだったとされています。「死の受容」の5段階説（表3-2）は，過程の

中で明確な受容がなされていく考え方です。ある意味わかりやすい一方で，批判もされています。そのとおりにはいかない多様な受容の仕方をとる人々が存在しているからです。

　このようにさまざまな対処の仕方が見られるということから何が言えるでしょうか。ジョージ・ボナーノ（Bonanno, 2009／邦訳, 2013）は「極度の不利な状況に直面しても，正常な平衡状態を維持することができる能力」という定義によって**レジリエンス**という考え方を提唱しました。アルバート・バンデューラ（Bandura, 1995）は，苦難を克服する努力や意欲に関わる**自己効力感**（self-efficacy）という概念を示しました。これは，望んだ結果をもたらすために効果的に振る舞えるという自分自身の能力についての信頼感を指します（3.3.3項参照）。また，トラウマとなるような出来事（外傷）に遭遇した後に，前向きな変化が起きて成長する，という**外傷後成長**（post traumatic growth）といった考え方も提唱されています（吉田他, 2017）。

　疾病や障害，災害などの人生上の危機に遭遇したときに，人が反応する方法はこのように多様なのです。医療現場でも，さまざまなコーピング（対処方法）がある中から，患者や家族に選択肢を示して，受容・適応に向けて最適な支援の方法を探ることが求められています。

3.2 ▶ がん患者の心理

3.2.1 がん患者をめぐる状況

　医療が進んだ現代においても「**がん**」で亡くなる人は年間38万人以上で，日本の死因第1位であり，新たに罹患する人も100万人に達する勢いです（最新がん統計，国立がん研究センターがん情報サービス，2022年11月16日更新）。一方で，部位による差はあるものの，5年相対生存率は男女計で64.1％（「全国がん罹患モニタリング集計2009－2011年生存率報告」国立がん研究センターがん対策情報センター，2022）と長期間にわたる治療を続けながら日常生活を送る「**がんサバイバー**」も増えているのも事実です。がんが「治る病気」という認識が広まってきている現在，がん患者にとって，身体的な症状に対する治療だけでなく，心を支えるサポートが重要性を増しています。**緩和ケア**の考え

方も，以前は末期患者に対するケアのイメージでしたが，今はがんという診断がついたときから心理面も含めたケアが必要だという認識が高まっています。また，患者の家族も第二の患者というようにとらえて同じように精神的なサポートをしていくことが必要です。

3.2.2 がん患者の心理

　がんをめぐる状況は時代の推移に伴い変化していますが，がんと診断・告知された患者にとっては未だ"死"を連想させ，告知によって強い精神的なショックを受ける病です。既述したように病気受容のプロセスはたとえばキューブラー＝ロスの「死の受容の5段階説」のように，否認―怒り―取り引き―抑うつ，という段階を経て受容に達すると言われていますが（p. 43），受容に至る過程は不可逆的なものではなく，また，それぞれの段階を均等に経験するわけでもありません。がん種や重症度，治療法はもとより，年齢や性別，職業，性格，家族関係，生活環境など心理・社会的背景の違いにより，その受け止め方や対応の仕方は一人ひとり異なってきます。そのような患者や家族への心理的な支援のために，欧米ではすでに1970年代に**サイコオンコロジー**（**精神腫瘍学**：psycho-oncology）という学問分野が生まれています。がん（腫瘍学：oncology）とこころ（心理学：psychology）の関係を学際的に探究する学問分野で，精神医学，心理学，腫瘍学，免疫学，内分泌学，社会学，倫理学等の学際的な領域から構成されています。病状の進行とともに抑うつ状態を発症するなど，メンタルヘルスに多大な影響のあるがん患者に対して，その意向を踏まえた治療の提供を支え，QOL向上のために活用されています。

　図3-3からは再発期にメンタルヘルスが悪化することが見て取れますが，うつの症状が重くなることで，医療者が症状の悪化を見過ごしてしまいがち，という研究結果も示されています。

　医療者には，そのような多様な状態にある患者に対して，状況に合わせた適切な対応が求められているのです。

3.2.3 がんサバイバーに対する心の支援

　前述したように，医療の進歩により，がんに罹患した後も治療を続けながら，

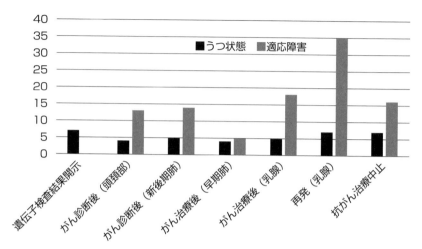

図3-3　がんの進行と抑うつ（うつ状態・適応障害）の1ヵ月有病率（内富，2009a より）

　自分らしく生き抜いていくことに意を傾けて日常生活を送っている「**がんサバ
イバー**」が増えています。「がんサバイバー」は米国サバイバーシップ連合（The
National Coalition for Cancer Survivorship： NCCS）によると "a cancer survi-
vor to be anyone living with, though, and beyond a cancer diagnosis." と定義
されています。がんサバイバーとは，がんの診断を超えて生きている人を指す
のです。

　自分らしく生きていきたいという人のこころを汲み取ってそれを支援してい
くためには，**Narrative Based Medicine**（**NBM**）という考え方が有用です（p.
41 コラム3参照）。その患者自身の人生に対する物語り（narrative）を医療者
が聴き取り，対話を通じて患者の固有の主観的世界に分け入り，一人ひとりの
もつ病に対する**解釈モデル**[2)]などを理解し，その背景を踏まえたうえで治療を
行います。もちろん痛みや苦痛を取り除き日常生活を安心して送れるように，
客観的科学的根拠に基づいた医療（**Evidence Based Medicine**： **EBM**）が必
要なことは言うまでもありません。この EBM と NBM との両輪を噛み合わせ
て患者を支えていくことが強く望まれ，そのような医療がめざされています。

3.2.4 がん患者への心理的サポート

心理的サポートの目的は，患者が"がん"という病気，症状，治療法，生活，将来などについて抱いている不安な気持ちを丁寧に傾聴し，その気持ちを受容・共感することによって少しでも不安を和らげ，QOL の向上をめざすことにあります。

このような心理的サポートを含む**緩和ケア**は，p. 44 で述べたように，以前は末期の患者を対象としていたものの，今では，がんと診断されたときからのサポートとしてその重要性が指摘され，必須のこととされています。

2004年にイギリスの National Health Service（NHS）から出された『緩和ケアを実践するためのガイドライン』（National Institute for Clinical Excellence [NICE]，2004, p. 79）では，がん患者に関わるすべての医療者に対して，以下の対応が強く推奨されています。

- がんによる影響を受ける人々と誠実かつ思いやりをもってコミュニケーションをとること
- 親切に，尊厳をもって，敬意を払って患者に対応すること
- 支持的な関係を構築して維持すること
- 患者やその家族が利用できる幅広い援助サービスについて情報提供をすること

このガイドラインを遵守するために，すべての医療関係者に，患者の心理状態を評価しサポートするための基本的なコミュニケーション・スキル習得の必要性が指摘されています（小川・内富，2009）。

2）本書の重要なキーワードで，クラインマン（Kleinman, 1978）による概念。解釈モデル（説明モデル）とは，患者が自らの病気を，そして医療者側が患者の病をどうとらえているかの解釈の枠組みのことを言う。病気の原因，病態，経過，影響，治療法，期待感などからなる体系である。患者と医療者の良好な関係を構築するために必要とされる情報だが，問題は，双方のモデルが一致しない場合である。その打開のためのさまざまなコミュニケーションが工夫されている。それらを学ぶことが本書の主眼である。双方の解釈にギャップが生じたまま診療が進むと，トラブルの危険性が生じる。

3.2.5 がん患者とのコミュニケーション：悪い知らせの伝え方

　診断結果の告知や治療法の変更など，患者にとっての「**悪い知らせ**（bad news）」を伝えるときのコミュニケーションには，十分な配慮が必要です。患者にとっての「悪い知らせ」とは，個人の未来像に有害かつ重大な影響をもたらす情報のことで，病名の告知，再発・転移の告知，治療が効かないことの説明，重篤な副作用の発現の説明，終末期医療への移行の説明，治療法の変更等のほか，患者自身がネガティブなイメージをもっていることのすべてが含まれます。

　「悪い知らせ」を伝えることは，医療者にとってもストレスの大きいものです。薬剤師が患者に診断結果や告知を行うことはありませんが，告知を受けた直後の患者や家族に対して抗がん剤の重篤な副作用について説明をしなければならない場合もあります。

　医療者ががん患者へ「悪い知らせ」を伝える際に配慮すべき態度やコミュニケーション・スキルをまとめたものとして **SPIKES**（MD アンダーソンがんセンター）や **SHARE**（国立がんセンター東病院）などが提唱され，医療者のコミュニケーションスキルトレーニングにも用いられています。ここでは SPIKES について紹介します。

SPIKES

　MD アンダーソンがんセンター（The University of Texas MD Anderson Cancer Center）のウォルター・ベイルら（Baile et al., 2000）が開発した 6 段階のプロトコルからなります（**表3-3**）。「悪い知らせ」を伝える際に最も重要なのは，患者に安心感を与え情緒的なサポートを行うことです。SPIKES にもとづいて患者との面談の前に面接の優先順位を明確にし，患者の状態を理解し受容するトレーニングを行うことによって，患者に効果的な変化がもたらされることが報告されています（Kaplan, 2010）。

表3-3　SPIKES の 6 段階（Baile et al., 2000を参考に作成）

S： Setting up the interview—面談の設定—：環境を整える，タイミングを図る，患者の話を聴く技術を働かせる
・適切な面談ができる環境を整え，個人情報が漏れないようにプライバシーを守る
・面談時間や面談場所に配慮する
・患者の心理的負担の軽減につながるように同席する人にも配慮する
・落ち着いて適度にアイコンタクトを取りながら話ができるように，対面ではなく斜めの角度に座るなど座り方にも配慮する
・何を話すかあらかじめ検討しておく
・別の用件が入らないようにする

P： assessing the patient's Perception—患者の認識の評価—
・患者が自分の病気や症状についてどのような理解をし，どうしたいと思っているのかを確認する（解釈モデル）
・下記のような患者の現状を主治医に確認するなどして把握しておく。
　　・現在の病状と，今後の治療方針
　　・抗ガン剤の効果と予想される副作用
　　・手術における侵襲の程度
　　・自己管理薬剤のコンプライアンスの程度
　　・コミュニケーション・スキル：傾聴，開いた質問

I： obtaining the patient's Invitation—患者からの求めの確認—
・診断や症状の詳細について，患者がどこまで知りたいと思っているのか確認する
・患者が知りたくないときはその理由を無理のないように時間をかけて聴き取る
・患者との信頼関係を築き，患者が安心して相談できる環境づくりに努める
・患者からの求めがあってはじめて成り立つ

K： giving Knowledge and information to the patient—知識と情報の提供—
・その患者にとってわかりやすい言葉で説明する
・理解しているかを確認しながら進める
・患者が不安にならないように表現に注意する

E： addressing the patient's emotions with Empathic responses—感情への共感（empathy）的対応—
・表情を観察し，患者の感情を共感的に受け止める
・開いた質問などを用い，患者が考えていることや感じていることを尋ねる
・患者の感情に巻き込まれることなく，共に感じ，受け容れる
・他人の体験する感情や心的状態あるいは人の主張などを，自分も同じように感じたり，理解したりすること
・患者の言葉を繰り返すリフレインや，短い沈黙は沈黙で返すことも有効
　　例）「今後の治療方針について不安なのですね。もう少し詳しくお話しいただけませんか？」

S： Strategy and summary—方針とまとめ—

・実現可能な目標を示す
・最後に面談の内容を要約して伝える
・連絡方法，フォローアップの体制であることを伝え，安心感を与える
　　例）何かありましたらいつでも私たち（医療者）に連絡してください

コラム④　思春期・若年成人（AYA）世代がん患者

　15〜19歳の思春期，20〜39歳の若年成人は Adolescent and Young Adult とされ，AYA 世代と言われています。従来，15歳までは小児科医の診療を受け，高校生以降は成人の診療科が治療を担当していました。AYA 世代のがん治療は小児がんとともに劇的にその治療成績が改善しています。2006年にがん対策基本法が成立し，希少がんや難治性がんとともに，AYA 世代がんへの対策の必要性の認識が広まり，2014年に発表された第2期がん対策基本計画では，AYA 世代に特に重要な就労を含めた社会的な問題への対応が課題として盛り込まれています。

　AYA 世代は発達過程の中で，進学，就職，結婚，出産といったさまざまなライフイベントを経験する世代であり，治療，リハビリテーション，再発予防などの医療を受けることとの両立にひときわ困難を生じやすい世代でもあります（福田他，2018）。そうした困難を抱える世代への支援を確立することの重要性がようやく社会に知られるようになってきたと言えます。そこでは教育・就職・経済に関する支援がそれぞれきめ細やかに行われる必要とともに，妊孕性（妊娠を成立させるための能力）の保持に関しても，エビデンスに基づく医学的な対策が強く求められています。と同時に，こうした多様な問題を抱える患者たちに相談しやすい窓口を設けていくことも大事です。もともとこの世代は反抗期や自立への葛藤などの心性を抱える時期でもあり，人に相談するのが苦手です。信頼関係を築くための工夫が求められます。

　このように AYA 世代に特有の問題に関して支援が可能な人材・組織・制度へのニーズはとても高いです。近年は，患者同士がつながって互いにサポートし合うピア・サポートや成人がんの経験者がサバイバーとして，就職や結婚などの人生の出来事について助言する活動を展開する団体も生まれています。

3.3　慢性疾患（糖尿病）患者の心理

3.3.1 糖尿病患者をめぐる状況

　ここでは主に**糖尿病**（*diabetes mellitus*）を中心に考えていきますが，ここで学ぶことは広く一般の**慢性**（chronic）**疾患**についても共通して言えることも多くあると思います。

　生活習慣等の変化により，我が国では2016年に予備軍も含めると２千万人以上の糖尿病患者がいたと推定されています（厚生労働省, 2018）。糖尿病治療の目的は完全治癒ではなく，むしろ血糖値を可能な限り正常に近づけ維持することにより将来起こりうる合併症を予防することにあります。そのためには長期間にわたって社会生活と治療を両立していく必要があります。

　糖尿病治療は日常の食事量，運動量などを継続的に管理する必要があるため，治療の成否が患者自身やその家族にかかっており精神的負担が大きいとされます。一方で糖尿病は，ある程度進行するまで身体的な苦痛が少なく疾患の深刻さが自覚されにくい面もあります。患者が自己管理を続けていくためには，患者やその家族への心理的な援助が必要となります。

3.3.2 糖尿病患者の心理

　病気になることは，患者にとって自分の大切な健康をなくすという意味で一種の対象喪失です。糖尿病患者も病気になることによって，日常生活が制限されたり，合併症により視力を失うなどの対象喪失を経験しています。

　糖尿病治療は長期間にわたるため，治療期全般を通してメンタル面での配慮が必要ですが，特に，病気が告知された時期，治療法が強化された時期，合併症などを発症した時期に心理的な問題が起きやすいので注意が必要です。

　治療過程の中のこれらのタイミングは，患者にとって受け入れがたい現実に対する心理的拒否反応が起こりやすい時期といえます。この病気や治療法に対する患者の知識レベルの把握だけでなく，病気の受容レベルや服薬や注射への抵抗感などの患者心理を把握することが重要です。

3.3.3 患者の自己管理に影響を与える要因

　糖尿病治療のカギを握るのが患者自身の**自己管理**（セルフコントロール，セルフケア）です。この自己管理の成否に影響を与える要因は**外的要因**（環境），**内的要因**（心理），**強化要因**（結果）に大別されます（**図3-4**）。外的要因（環境）としては，治療環境，合併症や他疾患の有無，糖尿病教育，治療法，病態／病型などがあげられます。内的要因（心理）としては，**健康信念（ヘルス・ビリーフ）**，**自己効力感**（セルフエフィカシー），糖尿病や治療に対する感情（**解釈モデル**），ストレス，メンタルヘルス問題，薬に対するイメージなどがあげられます。また強化要因（結果）としては，血糖値やHbA1c[3]の改善，医療者からの賞賛，QOLの向上などがあげられます。

　ここでは内的要因（心理）について詳しくみてみましょう。

内的要因（心理）　　　外的要因（環境）　　　強化要因（結果）

図3-4　自己管理に影響を与える要因
イラスト：©石井デザイン研究所／徳重里美

（1）健康信念（ヘルス・ビリーフ）

　患者が自分の病気や治療法についてもっている考え方のことで，自己管理に大きな影響を与えます（Becker & Maiman, 1975）。

　糖尿病の**ヘルス・ビリーフ**としては，①糖尿病が合併症などを発症する重大

3）血色素ヘモグロビンと糖の結合の指標。

な病気であるという認識があるか（重大性），②適切な治療をしなければ自分にも合併症が起こる可能性が高いという認識を十分にもっているか（脆弱性，感受性），などがあります。つまり自分の健康について脅威の認識（危機感）をもっているかどうかが重要となります。

治療に対するヘルス・ビリーフとしては，①自分の治療法が血糖値や HbA1c を改善し，合併症の予防になるなどのプラス面と食事制限の生活への影響や副作用としての低血糖の可能性などのマイナス面を理解していること，そのうえで，②自分にとってはプラス面のほうが大きいとの確信をもって治療に向かっているか，などがあります。

つまり，どんなに薬剤師が治療の意義を説明したとしても，患者自身が自分の健康に対して危機感を持ち，健康に良い行動を取ることのメリットがデメリットを上回っていると認識しないと，患者自らが行動を変えるのは困難です。正しい理解のもと主体的な行動変容を促すためには，医療者のコミュニケーション力が問われることになります。

（2）自己効力感（セルフ・エフィカシー）

どのような状況にあっても十分な自己管理ができるという確信をもっているか，という自分自身に対する信頼感のことです。つまり，**自己効力感モデル**では，人が行動を起こす背景には，この行動が良い結果をもたらすだろうかという「**結果予期**」と，自分が結果を得るために必要な行動を実行できるという確信「**効力予期**」があり，効力予期が低い場合は行動変容を起こす可能性も低くなります。治療法としてどんなに良いものでも，患者自身が「できない」と感じているものは実行されにくいことから，自己効力感をいかに向上させるかは，医療者の重要な役割とされています。

（3）解釈モデル（自分の病気や治療に対する感情や考え）

患者が自身の病気や治療に対して心理的に受け入れておらず，否認や怒りを感じている状態では自己管理は難しくなります。また，家族や職場の人たちに対して疎外感や恥ずかしさをもっている状態も，自己管理にはマイナスに働きます。患者の話を聴くことにより，その患者ごとに固有に堅持されている**解釈**

モデルを把握し，そのうえで服薬指導などの対応をしていくことが必要です。

（4）ライフイベントとストレス

　対人関係や仕事上で問題が発生したときや近親者の死などの**ライフイベント**は，患者にとってストレスとなり，さまざまな心理的葛藤や不安を生じさせて，患者の自己管理を妨げる要因となります。

（5）メンタルヘルスの問題

　うつ病やうつ状態にある患者，そのほかの精神疾患によって心理状態が不安定になっている患者，あるいは，低血糖や注射など糖尿病という疾患そのものや治療への不安や恐怖心が強すぎる患者も自己管理が悪化します。こうした状態にあることが把握できた場合には，メンタルヘルスの専門家にコンサルテーションを依頼して，連携しながらサポートしていくことが有効です。

3.3.4 行動変容

　糖尿病の予防と治療には，健康のために良いとされる行動を選択し，維持することが重要です。その前提として，習慣化してしまっている健康に悪い行動を健康に良い行動に変容することが必要となります。ジェイムズ・プロチャスカら（Prochaska et al., 1992）は禁煙指導モデルから，患者の「気持ちの変化（疾患の受容段階，治療への考え方）」が「行動変容」につながり，それが「行動の継続」につながっていく，という**行動変容（変化）ステージモデル**を提唱しました。行動変容（変化）ステージは，無関心期（前熟考期），関心期（熟考期），準備期，行動期，維持期の5段階に分けられ，ほとんどの患者はそれらの段階をらせん状に進んでいきます（**図3-5**）。医療者は，質問票なども活用しながら患者のアセスメントを行い，各時期に合わせて対応することが求められます（**表3-4**）。

（1）無関心期（前熟考期）「行動を起こす気がない」

　特徴：「病識がない」といわれる時期で，患者は問題に対して無関心か問題を否認している状態です。無力感にとらわれる場合もあります。

　対応：糖尿病ビリーフ質問票（大分大学医学部[4]）や，「開いた質問」など
を使って，病気や治療法について抱く感情や考えをよく聴きます。患者が話し

表3-4　行動変容のステージに関する質問票（厚生労働省）

項目	質問	質問項目	記入欄
食習慣	食習慣改善についてどのように思いますか。（1つだけ番号を記入してください）	1）関心はない	
		2）改善しなくてはいけないと思うが，実行できない	
		3）今すぐにでも実行したい	
		4）改善を実行して6ヵ月未満である	
		5）改善を実行して6ヵ月以上である	
飲酒	適正な飲酒習慣は，1日1合までとし，同時に週に最低2回は休肝日をつくることです。このような習慣についてどのように思いますか。（1つだけ番号を記入してください）	1）関心はない	
		2）適正な飲酒をしなくてはいけないと思うが，実行できない	
		3）適正な飲酒を1ヵ月以内に実行したい	
		4）適正な飲酒を実行して6ヵ月未満である	
		5）適正な飲酒を実行して6ヵ月以上である	
		6）意識しなくても適量内である	
		7）酒を飲まない	
喫煙	あなたは禁煙することにどのくらい関心がありますか。（1つだけ番号を記入してください）	1）関心がない	
		2）関心があるが，今後6ヵ月以内に禁煙しようとは考えていない	
		3）今後6ヵ月以内に禁煙しようと考えているが，この1ヵ月以内に禁煙する考えはない	
		4）この1ヵ月以内に禁煙しようと考えている	
運動	週1日，1日60分以上の定期的な運動を行うことについてお答えください。（1つだけ番号を記入してください）	1）関心はない	
		2）運動しなくてはいけないと思うが，実行できない	
		3）今すぐにでも実行したい	
		4）時々やっている（やったりやらなかったり）	
		5）定期的な運動を実行して6ヵ月未満である	
		6）定期的な運動を実行して6ヵ月以上である	

［出所］食習慣・飲酒・運動：「健康度評価総合・A・Bコース問診」（あいち健康の森健康科学総合センター），
　　　　喫煙：「個別健康教育　禁煙サポートマニュアル」（個別健康教育ワーキンググループ編）

4）大分大学医学部総合内科学第一講座大分県LCDE事務局（n.d.）
　　<http://www.med.oita-u.ac.jp/oita-lcde/bereaf[1].pdf>

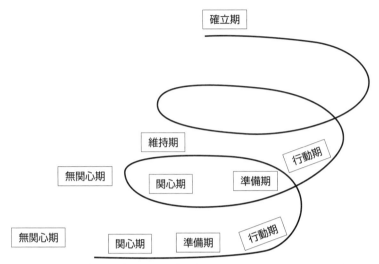

図3-5　行動変容のスパイラル・モデル（Prochaska et al., 1992, Figure 1より）

やすいように傾聴や共感的な態度が必要です。たとえば，患者の会などで合併症の体験談を聞く機会を設けるのも効果的です。患者への情報提供をしながら，患者が自分の状況に向き合うのを援助します。

（2）関心期（熟考期）「変化の必要性を考え始める」

　特徴：問題の存在を認識し，現在の行動を変化させなければならないと強く考えだしていますが，まだ実際の行動は起こしていない段階です。行動変容によるマイナス面についての対処法や考え方の整理ができていないことが考えられます。あるいは，プラス面を過小評価していたり，頭で理解していてもずるずると習慣にとらわれたりしている時期ともいえます。

　対応：行動変容のプラス面とマイナス面を具体的にあげて書き出すといった方法で見える化してみます。プラス面への認識を深めたり，マイナス面を最小にする方法を検討します。プラス面のほうが多くなるようにするための具体的な方法を患者とともに考えます。

（3）準備期　「患者なりの行動変化が始まる」

　特徴：治療によって得られる「利益」が「不利益」を上回り，少しずつでも治療行動が始まりますが，まだ医療的に見て適切な治療行動には至っていない時期です。

　対応：患者と話し合いながら具体的な行動目標を設定します。目標が達成できれば肯定的なフィードバックをしながら，目標を段階的に上げていきます。

（4）行動期　「適切な行動変化から 6 ヵ月以内」

　特徴：この時期のポイントは成功行動の強化と周囲の支援です。医療的に正しい治療行動が始まりますが，後戻りも一番起きやすい時期といえます。後戻りしやすい要因としてストレスや職場の付き合いなどがあげられています。

　対応：障害となりやすい状況を具体的にイメージします。障害をどのように乗り越えていくかについて具体策を一緒に検討しておきます。

（5）維持期　「6 ヵ月以上の行動変化が続く」

　特徴：適切な自己管理が 6 ヵ月以上続き，生活のリズムになってきた時期です。

　対応：治療が患者の負担となっていないか **QOL 調査**（たとえば，WHO-5）などで確認します。同じ悩みをもつ者同士で情報交換しやすい患者会などの相互にサポートし合えるネットワークへの参加を勧めてみるのに適した時期です。

　維持期に入っても，患者には常に再発や逸脱の危険性があります。自己管理を続けるうえで不適切な行動が一度起こることを**逸脱**，習慣化することを**再発**といいます。万が一，逸脱や再発が起きても，患者を責めない配慮が必要です。逸脱や再発が起きた理由，引き金となった状況，そのときの気持ちなどをゆっくりと聴き，解決策を共に考える姿勢が大切です。事前に逸脱や再発が起きたときの対処法や行動計画を一緒に考えておくことが望ましいといわれています。

3.3.5 行動変容を促すコミュニケーション：エンパワーメント・アプローチ

　エンパワーメントとは「権限移譲」を意味する法律用語でした（久木田, 1998）が, 現在では, 「個人が自らの生活をコントロールし, 自己決定していく能力を開発するプロセス」を表す概念として用いられています。ミシガン大学糖尿病リサーチ＆トレーニングセンターのマーサ・ファンネルら（Funnell et al., 1990）は, 患者をエンパワーメントして自身が糖尿病治療に主体的に向き合えるようになるために, 医療者が適切な質問を投げかけ, 達成可能な目標を共に設定して行動を変えていくための**エンパワーメント・カウンセリング・モデル**を提唱しています。

ワーク3	エンパワーメント・カウンセリング・モデル

　4つのステップにそって考えていきましょう。
　設定：糖尿病の患者（72歳　男性）：治療に前向きではないと家族から相談があり, 薬剤師が話をすることになりました。
　　患者が行動を変えていくために必要な対応をエンパワーメント・カウンセリング・モデルにあてはめて考えていきましょう。

　ステップ1：問題点を探る（過去）
　・何が起こりましたか？
　・何をしましたか／言いましたか？
　・周囲の人は何をしてくれましたか／言ってくれましたか？
　・何を感じていましたか？
　・何を考えていましたか？
　・周囲の人は何を考えたり感じたりしていましたか？
　・何が必要でしたか？
　・周囲の人は何が必要でしたか？

　ステップ1で見出した課題の例：
　・インシュリン注射に対する不安・抵抗感
　・以前知り合いが注射で大変な思いをしていたことを思い出している

　ステップ2：感情と意味を明確にする（現在）
　・あなたは（インシュリン注射に）【不安】を感じていますか？

・あなたが（感情：【不安】）を感じているのは（意味：【注射をすると大変なことになる】）という理由のためですか？

ステップ3：計画を立てる（未来）
・何が必要ですか？
・この状況を考える時（1ヵ月後，1年後など）には，どのような状態になっていたいと思っていますか？
・他の選択肢はありますか？
・何が障害となっていますか？
・誰が援助してくれますか？
・選択したことに対する損失と利益は，どんなことですか？
一緒に計画を立てましょう

計画：患者は注射の意味を正しく理解していない→不安に共感しつつ，正しい理解を促すことが必要

ステップ4：行動への決意（未来）
・この問題を解決するために必要なことをする気持ちはありますか？
・何から始めればいいですか？
・いつからそれを始めますか？
・どうなればそれはうまくいったことになりますか？

未来（想定されるゴール）：主体的に治療に臨むことができる。前向きに注射を受けられる。

3.4 精神疾患（うつ病と統合失調症）患者の心理

3.4.1 うつ病

（1）うつ病の症状・経過

　日本うつ病学会（2016）は**治療ガイドライン**をウェブ上で公開し，冒頭部分で「医師にとってのガイドラインとは，たとえるならば船長にとっての海図にあたるもの」と，**DSM-5**に則った医師にとっての指針として明記しています。DSM-5では，**表3-5**に掲げる9つの基準項目のうち5項目以上があてはまり，生活上に重大な障害をきたしていることによって**うつ病**と診断され，診断項目数，深刻度，機能障害度合いにより重症度が規定されています。ところで **ICD**

表3-5　抑うつ症状の現れ（大野, 2018を参考に作成）

抑うつ気分	気分の落ち込み。子どもや若者では「イライラ」と表現されることがある。
興味や喜びの喪失	本や新聞を読まなくなる，テレビを見なくなる，仕事や家事をしなくなる，笑顔が極端に減る。
食欲の減退または増加	身体症状。診断に重要。
睡眠の減退または増加	身体症状。診断に重要。
運動への現れ	落ち着きなく動き回る，あるいは極端に動かない。客観的に緩慢。制止が強く，着替えに30分かかる場合など。
疲労感	疲れやすさと気力の減退。
無価値感・罪責感	日常に価値や意味がないと感じる無価値感。奇妙なほどの罪責感。
思考力・集中力	考えられない，集中できない，物事を決められない。
死についての反復思考	自殺に関連する気持ち，「死にたくなることがある」「死のうとしたことがある」という希死念慮。

-11 第6章「精神，行動，神経発達の疾患」が2019年に WHO 総会で正式に承認されました。日本精神神経学会のウェブサイトに「ICD-11『精神，行動，神経発達の疾患』分類と病名の解説シリーズ」が連載されており，DSM-5との関連性も述べられています（https://www.jspn.or.jp/modules/advocacy/index.php?content_id=90）。その序文によれば，ICD-11は DSM-5とのハーモナイゼーションが図られており，両者の類似性は高いとされているものの，ICD-11のほうが臨床医が総合的に判断する余地が与えられている点に特徴があるとされています。

　ここでも強調されているように，うつ病では身体的な症状が多く見られます。頭痛や腰痛などの身体のあちこちの痛みや，疲れやすさ，胃腸の不調，ときには発熱したり，動悸やめまいや不定愁訴など，客観的にも観察できる症状が現れます。もともと持病があった場合であれば，それが悪化することもあります。うつ病を発症することで食欲が低下し，基本的な体力が失われることで，さまざまな身体症状が現れてくる可能性もあります。このように，うつ病の中核的な症状にはさまざまな身体症状が含まれており，治療的・予防的アプローチにおいては「からだ」への働きかけも大切です。

（2）うつ病への心理学的アプローチとその支援

　うつ病に対する心理学的アプローチについて，黒木（2014）は1980年と2000年あたりに境があるとして，精神分析療法⇒認知行動療法・対人関係療法⇒マインドフルネスなどの行動療法，というようなアプローチの「経緯」として整理しています。

　フロイトは精神疾患の治療を科学的な理論として集大成したことに大きな貢献がありました。あるひとりの人が心の病を得たときに完治するためには，信頼関係のある治療者との時間をかけたやりとりとそれを通した深い自己洞察が必要です。実際には，忙しい毎日の生活をしながら，治療を受ける必要があり，時間をかけた治療の余裕がない場合もあります。多くの医療機関で，神経伝達物質に直接作用するさまざまな薬物による治療と併行して，**認知行動療法**や**対人関係療法**などが，症状や本人の属性や環境に応じて取り入れられています。先に述べたように，うつ病の症状に身体的なものが多い点から考えると，呼吸や姿勢，活動状態に直接はたらきかける**マインドフルネス**や**動作法**，また日本古来の治療法である**森田療法**なども用いられています。

　多くの精神疾患と同様にうつ病もその発症の背景要因には「人間関係」が関係している場合がほとんどです。対等で互いに尊重し合え，助け合える関係性があれば，なんらかの理由でうつ状態が生じたとしても，人は本来もっている自己治癒力を発揮して，回復することができます。心理学的なアプローチを介して援助する場合には，そうした関係性の実現をサポートすると同時に，身体症状に着目して，その治療を併せて行います。また基本的な体力の向上や身体運動は，脳の機能の改善に直接的な効果をもたらす場合があります。このことについて説明し，ある程度元気がある場合には運動を勧めてみることも有効とされています（第6章の事例5「うつ病患者とその家族」参照）。

（3）うつ病患者の増加

　WHOは2017年2月に「2005年～2015年の間にうつ病を抱えた患者が18％増加した」という推計をニュースとして発表しました。患者の80％以上は中・低所得の国々に住む人々です。うつ病は患者数が多く，よく耳にする精神疾患であり，「**心の風邪**」などと表現されることもありますが，「風邪」のように軽く

てすぐに治る疾患とは言えないのではないでしょうか。ときには入院治療を要するほど重篤な場合もあり，決して軽く見てはいけない疾患です。厚生労働省のサイトには日本での有病率は100人に3〜7人という数字が示されており，精神科疾患の入院患者数全体は減り続けている中で，うつ病患者数は増加しています（**図3-6**）。多くの人が罹患する可能性があるという点では「心の風邪」という表現は合っているとも言えますが，油断してはいけません。

　自殺者数が増加して3万人を超えた状態が11年間続いた時期に，自殺の原因として，うつ病は大きな注目を集めました。特に，働き盛り世代の自殺が増えたことから，自殺の原因としての社会経済的な要因がクローズアップされました。その後，うつ病発症年齢の低年齢化の指摘もあり（植木, 2009），学校や職場でストレス対策が急がれることになったのです。環境の要因が発症の大きなきっかけとなるこうしたタイプのうつ病においては，カウンセリングを通した本人と周囲への働きかけが重要です。しかし，患者数の増加で治療現場では時間をかけた面接が実現できないような状況もでてきています。治療を受けるとともに環境調整が有効で，職場や学校でのストレスを減らしたり，できる限り早めにSOSを出せるように日頃のコミュニケーションを活発化させていくことが大事であるとされています。

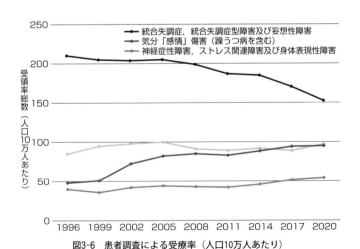

図3-6　患者調査による受療率（人口10万人あたり）

（4）うつ病の分類

　うつ病は非常に古くから知られていた疾患です。紀元前5世紀にヒポクラテスは黒胆汁症（melancholia）という名前でうつ病と思われる症状について，体を構成する液体の悪い成分が原因で病気になると述べています（体液説）。その考え方は17世紀以降はすたれていきます。19世紀以降に近代的な精神医学の研究が進み，憂うつな気分と爽快な気分が極端に現れては繰り返す状態像が知られるようになり，**躁うつ病**や**感情障害**と言われるようになりました。また，憂うつな気分が主な症状である患者は躁の状態が弱いか現れないケースと見なされるようになっていきます。1987年に発表された診断分類であるDSM-Ⅲ-Rで「**気分障害**」に分類されるようになり，DSM-5では，「**双極性障害及び関連障害群**」と「**抑うつ障害群**」に分けて記述されています[5]。この変更は診断学的には有用であることが示されています（原田・坂元, 2014）。

　「双極性障害及び関連障害群」では躁病エピソードの基準の明確化が図られると同時に，大うつ病エピソードと躁病エピソードの両方の基準を満たす症例がごく少数だったことから「混合性病像を伴う」という特定用語を用いて診断を行う方法が取り入れられたことにより，正確な診断や状態に応じた治療が行いやすくなったとされています（原田・坂元, 2014）。

　疾患の分類に関しては，原因や疾病の経過を考慮した分類も試みられており，病前性格や発病時の状況，治療への反応から典型的なうつ病以外にいくつかの非典型的なタイプの存在も指摘されています。近年，比較的若い人の間で高頻度で見られるとされる「**新型うつ病**」と呼ばれる状態像などがそれに該当します（傳田, 2009）。ただ，新しいうつ病というよりは，社会における若者の行動に対する反応や，成育過程で親や周囲の大人の態度が影響して，うつ病の症状に反映されているとするとらえ方もあります。

　精神疾患の症状や経過にはその時代ごとの社会文化および経済的な背景が影響を与えます。患者数も時代的な背景要因の影響を受けることがあります。昨今のうつ病患者数の増加について，石丸（2016）は，医療機関数の増加に加え，

5）2022年2月にDSM-5-TRが出版され，日本語訳も9年ぶりに改訂された。日常の診断に役立つ情報を記述しているとされ（高橋, 2023），disorderの訳が「障害」から「症」に変更されたり，疾患名の併記がなしとされた。本書では，DSM-5の記載に準拠している。

受療者の疾患認知と受療行動の変化の影響を指摘しています。言い換えると，うつ病の存在が広く知られるようになり，誰でも罹りうる疾患として認識されるようになって，「もしかしたら自分もうつ病かもしれない」と考えて受診して治療する人が増えているというわけです。気分障害患者が100万人を超え（2008年），患者数が急増している状況においては，うつ病の治療を社会全体で取り組むべき課題ととらえる必要があり，同時に社会の在り方自体がうつ病を生み出し，回復を妨げている面について認め，働きかけを逃さないようにすべきであると指摘されています（石丸, 2016）。

3.4.2 統合失調症

（1）統合失調症の位置づけ

DSM-5では「統合失調症スペクトラム障害および他の精神病性障害群」のひとつとして分類されています。他の精神病性障害，統合失調型パーソナリティ障害を含む分類となっています。**統合失調症**はかつては発症の時期（年齢）や発症時の状態像，経過から「破瓜病（型）」「緊張病（型）」「妄想病（型）」の3つに分けられていました。エミール・クレペリン（E. Kraepelin）はこれらの総称として「早発性痴呆：dementia praecox」を用いましたが，オイゲン・ブロイラー（E. Breuler）は「schizophrenia」を提唱し，1911年以降はこの名称に統一されました。日本では長い間「精神分裂症（病）」が訳語として使用されてきましたが，「精神が分裂している病気」というのは偏見を助長するのではないかという議論の末に2002年から「統合失調症」という名称を使用するようになりました。

（2）統合失調症の主な症状

統合失調症の症状は**陽性症状**と**陰性症状**に分けて整理されます。患者本人にしか見えたり聞こえたりしない幻覚や患者以外には合理性がない話を強固に信じ込む妄想などが陽性症状であり，感情鈍麻，思考停止，無為・自閉，意欲減退や消失，落ち込みなどが陰性症状です。

統合失調症は30代までに発症することが多く，10代の前半から身体症状や不登校などの背景に初発の統合失調症が隠れている場合も見られます。若年者で

は幻覚や妄想などの陽性症状が顕著に現れ，自閉的な傾向が強まり，意欲減退などで仕事や学業が続けられないなどの状態に陥ることもあります。しかしながら，一時的な症状だけで改善し，その後再発がない場合も報告されており，はっきりした症状がない場合は，積極的な治療が行われない場合もあります。

　より高齢での発症では，妄想があっても日常生活はある程度送れる場合も多く，発症に本人も家族も気づかないでいて，問題が起きて初めて診断を受けるような場合も見受けられます。近年の研究では，遅発の統合失調症患者には女性が多いという報告もあります。

　薬物治療の効果は陽性症状に現れやすいようです。無為，意欲減退，自閉などの陰性症状については，心理療法やソーシャルスキル・トレーニングや生活訓練などが試みられます。身近で定期的に参加できる活動があるのは社会とのつながりを保つためには重要です。家族は将来のことを考えたとき，患者の引きこもりがちな生活に不安を感じることが多いものです。学籍がある間は学校内の相談機関の支援を受けることができますが，退学したり登校できない場合は，自治体の相談窓口を活用する方法があります。さらに，家族や患者に対して親身になって相談に乗ってくれる医師と出会えれば，通院を継続するなかで症状の変化を考慮しながら，デイケア活動などを紹介され，参加することも可能になります。

（3）統合失調症の心理学的アプローチ

　統合失調症の患者は，独特の内的な世界をもち，自閉的になることでさらに外の世界の現実とのギャップが広がって生活のしづらさを抱えることになります。医療者は，患者の話に耳を傾け，そのしんどさを受け止めることが大切です。つまり，現実にはない感覚や話を肯定はできないが，頭から否定するのではなく，他の人に理解しえない体験をしている苦しみを想像し，共感する態度が求められます。

　患者同士のセルフヘルプグループでは，**当事者研究**という方法論によって，互いの苦しみを分かち合う活動が行われています。当事者研究では，統合失調症のさまざまな「症状」を患者自身の研究テーマととらえ，患者同士が自らの体験を語り合って，分析し合います。当事者研究を通して，患者は自らの体験

を客観的にとらえることができるのと同時に，他の患者も類似の体験をもっていて，同じように苦しんでいることを聞いて，理解者を得たように感じるとされます。また患者同士が対処法を提示し合うことで学びを得るという側面もあります。

コラム⑤　映像から学ぶ：シネメデュケーション

　映像から学ぶ方法は医学教育では従来より使用されており，アレクサンダーらは cinema + medicine + education で cinemeducation（シネメデュケーション）という造語によって，教育手法として学術的に論じています。アレクサンダーの方法は，映画のクリップを題材として，ロールプレイや意見交換をするもので，授業時間の長さに適したビデオテープにクリップを複数挿入して編集して用いる方法です（Alexander et al., 1994）。その後，特に精神医学分野において，精神病理を理解するうえで映画を教材として使用する方法が用いられてきています。ここでは，評判になった映画の中から，薬学生が精神疾患の状態像や，患者とその周りの家族・友人などの心境を学ぶうえで，適している作品を3つ紹介します。ひとつだけ留意すべきこととして，症状等が誇張して描かれている場合，事前知識の少ない学習者の偏見が増大しないような配慮が必要です。

　『ビューティフル・マインド』：ノーベル経済学賞を獲得した数学者が主人公で，天才的な頭脳を持ち，直感や洞察力で新しい理論を発見するに至る物語です。主人公は若い頃から統合失調症を患い，特有の症状である幻覚や妄想に苦しみます。当時の精神科治療の様子も描かれていて，再発に悩みながら妻の献身によって病を克服する姿が描かれています。この映画では「幻覚と妄想」がくり返し描写されています。見ている側も主人公と同じように，現実に存在するものとして疑っていなかった人物や事象が，すべて幻覚と妄想からつくられたものであるというタネ明かしがなされる場面では，統合失調症患者の抱えている困難さをよりリアルに想像することができます。

　『ツレがうつになりました』：細川貂々さんが自らの経験をマンガにしたものの映画化作品です。夫がうつになり，病の知識がなかった妻がうつ病についての理解を深め，夫を支えながら闘病する物語です。夫はうつ特有の波のある症状の現れ方に気持ちも浮き沈みして苦しみ，また生真面目で少し頑固なもともとの性格もあって，余計に追いつめられていく心情が丁寧に描かれます。うつ病は取り上

げられる機会も多く，一般的な病として知られてきていますが，実際の症状や患者の気持ちについては情報が少なく，映像を通して実感をもって知ることができる映画になっています。

　『グッド・ウィル・ハンティング』：アカデミー賞を受賞した有名な作品です。数学に天才的な才能をもっている青年は非行を繰り返して，その才能を活かせないその日暮らしを続けています。才能に気づいた大学教授の引き合わせで自らも心に深い傷を負っているカウンセラーと出会います。カウンセラーに対しても最初はかたくなに心を閉ざす主人公ですが，心理学の専門家としてではなく，ひとりの大人として彼の心に体当たりして近づこうとするカウンセラーとのやりとりで次第に青年は心を開いていくのです。決定的な瞬間は，あるやりとりの中で，小さい頃の経験に青年の心の傷の源があることを見抜いたカウンセラーが何度も何度も「きみは悪くない」と繰り返す場面です。詳細は最後まで明かされないのですが，青年は小さい頃に親に虐待され，それが原因となって人を信じられず，社会に適応できないで生きてきたらしいことが示唆されます。心に耐えがたいほどの傷を負うことをトラウマと言い，その後長い間，さまざまな心身症状に苦しめられる状態像を PTSD（Post Traumatic Stress Disorder）と言います。小さい頃の虐待は脳に大きな影響を与えることが知られていますが，ひどい目にあっているにもかかわらず「自分のせいだ」という自責感が非常に強く，援助要請ができなかったり，適応がうまくいかない要因となっているのです。信頼関係を構築した相手から「君は悪くない」と何度も言ってもらえたことが主人公を苦しみから解放し，新しい世界に旅立つ決意をさせる大きな力になっていることがわかる物語になっています。

第3章のポイント

・患者になるということは想定外のさまざまな心理状態をもたらす。
・がん患者の心理については，治療過程にそって悪化しがちなきっかけ（trigger）が知られている。
・糖尿病患者に対しては，行動変容やエンパワーメントにつながるコミュニケーションの理論が知られている。
・精神疾患患者の心理の理解にはシネメデュケーションの手法も用いられている。

■第3章　参考文献

Alexander, M., Hall, M. N., & Pettice, Y. J.(1994). Cinemeducation : An innovative approach to teaching psychosocial medical care. *Family Medicine, 26*, 430-433.

Baile, W. F., Buckman, R., Lenzi. R., Glober, G., Beale, E. A., & Kudelka, A. P.(2000). SPIKES - A six step protocol for delivering bad news : Application to the patient with cancer. *The Oncologist, 5*, 302-311.

Bandura, A.(1995). *Self-efficacy in changing societies.* Cambridge University Press.

Becker, M. H., & Maiman, L. A.(1975). Sociobehavioral determinants of compliance with health and medical care recommendations. *Medical Care, 13*(1), 10-24.

Bonanno, G. A.(2009). *The other side of sadness : What thenew science of bereavement tells us about life after loss.* David Black Literary Agency.(ボナーノ, G. A. 髙橋 祥友（監訳）(2013). リジリエンス──喪失と悲嘆についての新たな視点──　金剛出版)

Bowlby, J.(1951). Maternal care and mental health. *Bulletin of the World Health Organization, 3*, 355-533.

Bowlby, J.(1979). *The making & breaking of affectional bonds.* Tavistock.(ボウルビイ, J. 作田 勉（監訳）(1981). ボウルビイ母子関係入門　星和書店)

Cannon, W. B.(1942). "Voodoo" death. *American Anthropologis*t, *44*（new series), 169-181.

Caplan, G.(1961). *An approach to community mental health.* Grune & Stratton.

Caplan, G.(1964). *Principles of preventive psychiatry.* Basic Books.(キャプラン, G. 新福 尚武（監訳）(1970). 予防精神医学　朝倉書店)

Copp, G.(1997). Patients' and nurses' constructions of death and dying in a hospice setting. *Journal of Cancer Nursing, 1*(1), 2-13.

Corr, C. A.(1991-1992). A task-based approach to coping with dying. *Omega : Journal of Death and Dying, 24*(2), 81-94.

傳田 健三（2009）. 若者の「うつ」──「新型うつ病」とは何か──　筑摩書房

Fink, S. L.(1967). Crisis and motivation : A theoretical model. *Archives of Physical Medicine and Rehabilitation, 48*, 592-597.

Folkman, S., & Lazarus, R. S.(1980). An analysis of coping in a middle-aged community sample. *Journal of Health and Social Behavior, 21*(3), 219-239.

福田 みわ・渡部 一宏・吉永 真理（2018）. AYA世代がん患者支援の現状と課題　昭和薬科大学紀要, *52*, 25-38.

藤崎 和彦（1993）. 新しい医師──患者関係──　治療, *75*(12), 2855-2859.

Funnell, M. M., Anderson, R. M., Arnold, M. S., Barr, P. A., Donnelly, M., Johnson, P. D., et al.(1991). Empowerment : an idea whose time has come in diabetes education. *The Diabetes Educator, 17*, 37-41.

Green, L. A., Fryer, G. E., Yawn, B. P., Lanier, D.,& Dovey, S. M.(2001). The ecology of medical care revised. *The New England Journal of Medicine, 344*(26), 2021-2025.

原田 豪人・坂元 薫（2014）. 双極性障害および関連障害群, 抑うつ障害群　医学のあゆみ, *248*(3), 199-203

石丸 昌彦（2016）. うつ病増加の背景要因に関する覚書　放送大学研究年報, *34*, 1-13.

樫村 正美（2020）. 心の理解とその支援方法　樫村 正美・野村 俊明（編）医療系のための心理学　講談社

Kaplan, M.(2010). SPIKES : A framework for breaking bad news to patients with cancer. *Clinical Journal of Oncology Nursing, 14*, 514-516.

Kaplan, S. H., Greenfield, S., & Ware, J. E., Jr.(1989). Assessing the effects of physician-patient interactions on the outcomes of chronic disease. *Medical Care, 27*(3 Suppl.), S.110-127.

Kataoka, N., Shima, Y., Nakajima, K., & Nakamura, K.(2020). A central master driver of psychosocial stress responses in the rat. *Science, 367*(6482), 1105-1112.

厚生労働省（n.d.）精神病床入院患者の疾病別内訳<https：//www.mhlw.go.jp/stf/shingi/.pdf>（2023年2月22日検索）

川瀬 正裕・松本 真理子・松本 英夫（2015）．心とかかわる臨床心理——基礎・実際・方法［第3版］—— ナカニシヤ出版

Kleinman, A.(1978). Concepts and a model for the comparison of medical systems as cultural systems. *Social Science & Medicine. Part B : Medical Anthropology, 12,* 85-93.

Kleinman, A.(1988). *The Illness narratives : Suffering, healing, and the human condition.* Basic Books.（クラインマン，A. 江口 重幸・五木田 紳・上野 豪（訳）（1996）．病いの語り——慢性の病いをめぐる臨床人類学—— 誠信書房）

厚生労働省（2020）．令和1年国民栄養・健康調査 <https：//www.mhlw.go.jp/stf/seisakunitsuite/bunya/kenkou_iryou/kenkou/eiyou/r1-houkoku_00002.html>

Kübler-Ross, E.(1970). *On death and dying.* Collier Books/Macmillan.(キューブラー・ロス，E. 鈴木 晶（訳）（1998）．死ぬ瞬間［完全新訳改訂版］ 読売新聞社)

久保田 馨（2007）．悪い知らせを伝える際のコミュニケーションに関する北米の取り組み（SPIKESについて） 内富 庸介・藤森 麻衣子（編）がん医療におけるコミュニケーション・スキル——悪い知らせをどう伝えるか——（第4章, pp. 23-30） 医学書院

久木田 純（1998）．エンパワーメントとは何か 久木田 純・渡辺 文夫（編）エンパワーメント——人間尊重社会の新しいパラダイム—— 現代のエスプリ, No.376, 10-34.

黒木 俊秀（2014）．精神科診断にディメンジョン的アプローチとは何だろうか？ 臨床精神病理, *35*(2), 179-188.

大野 裕（2018）．うつ病の新しい考え方 総合健診, *45*(2), 41-47.

National Institute for Clinical Excellence（2004）．*Improving supportive and palliative care for adults with cancer.* National Institute for Clinical Excellence.

日本うつ病学会（2016）．日本うつ病学会治療ガイドライン Ⅱ. 大うつ病性障害 <https：//www.secretariat.ne.jp/jsmd/iinkai/katsudou/data/20190724-02.pdf>

小川 朝生・内富 庸介（2009）．精神腫瘍学クイックリファレンス（p. 15）創造出版

大井 玄（2008）．「痴呆老人」は何をみているか 新潮社

大分大学医学部総合内科学第一講座大分県 LCDE 事務局（n.d.） 糖尿病ビリーフ質問表 <http：//www.med.oita-u.ac.jp/oita-lcde/bereaf[1].pdf>

Parsons, T.(1951). *The social system.* Free Press.（パーソンズ，T. 佐藤 勉（訳）（1974）．社会体系論 青木書店）

Prochaska, J. O., DiClemente, C. C., & Norcross, J. C.(1992). In search of how people change. Applications to addictive behaviors. *American Psychologist, 47*(9), 1102-1114.

佐々木 雄司（2002）．生活の場での実践メンタルヘルス 保健同人社

鈴木 継美・大塚 柳太郎・柏崎 浩（1990）．人類生態学 東京大学出版会

Szasz, T. S., & Hollender, M. H.(1956). A contribution to the philosophy of medicine : The basic models of the doctor-patient relationship. *The Journal of the American Medical Association, 97,* 585-592.

高橋三郎（2023），DSM-5から DSM-5-TR へ——その背景と動向—— 精神医学, *65*(19), 1338-1344.

玉瀬 耕治（2013）．動機づけ 無藤 隆・森 敏昭・遠藤 由美・玉瀬 耕治 心理学第2版（p. 201） 有斐閣

内富 庸介（2009a）．続がん医療におけるコミュニケーション・スキル 医学書院

内富 庸介（2009b）．緩和ケアチームのための精神腫瘍学入門 医薬ジャーナル社

内富 庸介・藤森 麻衣子（2007）．がん医療におけるコミュニケーション・スキル——悪い知らせをどう伝えるか—— 医学書院

植木理恵（2009）．小学生がうつで自殺している 扶桑社新書

山本 和郎（1986）．コミュニティ心理学——地域臨床の理論と実践—— 東京大学出版会

山崎 章郎・上野 創・早川 敦子（2022）．死ぬことと, 生きること——キューブラー・ロスをめぐる対

　　　話──　クルミド出版

山勢 博彰（2007）．クリティカルケア看護に活かす危機理論　日本クリティカルケア看護学雑誌, *3*(2),
　　1-2.

吉田 弘和・小林 奈津子・本多 奈美・⋯・富田博秋（2017）．東日本大震災後の子どもの外傷後成長と
　　法事参加とメディア視聴への態度との関連　精神神経学雑誌, *119*(11), 819-826.

第４章
服薬の心理とコミュニケーション

4.1 服薬の心理

4.1.1 薬のイメージ

　皆さんは体調が悪くなったとき，すぐに薬を飲みますか？　それともなるべくなら頼りたくないですか？

　薬は，患者の疾患による症状を改善し回復をめざすために不可欠なツールです。突然の災害などで日頃使っている薬が手に入らない事態は，患者の生命の危機にも直結してしまいますので，処方された薬を必要としている患者に確実に届け，適切な使用法などを説明し，期待される効果が得られているか経過を見守るのは薬剤師の重要な役割です。また薬剤師としては当事者である患者にも治療に対して前向きに取り組んでほしいと思っていますが，患者宅を訪問した際に押し入れから飲み残した薬が大量に発見されるなど，実際は薬を指示どおり服薬しない状況が起きてしまい，困惑する場合があります。そのような事態に直面したときに，薬剤師が考えなければならないのは，医療者にとっては科学的なエビデンスに基づいて疾患を治療するために必要だと確信をもっている薬も，患者にとっては，必ずしも医学的な観点からだけでは説明のつかない複雑な意味をもっている可能性があるということです。

　患者を対象にしたアンケート調査でも，服薬を前向きにとらえる患者，薬が出されないと不安を感じる患者がいる一方で，薬の量が多くて不安，副作用が心配という患者もいます。飲み薬か注射かなど，薬の形態によっても異なるイメージがもたれますし，病気の種類や重症度，緊急性などによっても変わります。そして，患者自身の生活経験，またそれまでに形成された性格，年齢，社会的な立場，医療経験，家族や友人との間で得られた経験，またマスメディア

などからの情報でも，薬のイメージは影響を受けてしまいます。

　このように，ひと口に患者と言っても患者一人ひとりがこれまでの人生経験や価値観の延長線上で薬や自分の病気を解釈しており，個別性や多様性を無視することはできません。薬剤師が患者に対応する際には，その患者にとっての薬がどのような存在であり，服薬に対してどのようなイメージをもっているかを理解することが大事です。それには，なぜその患者がそのようなイメージをもつようになったのかの理解のヒントや糸口を探るために，患者のナラティブ（物語）を聴く姿勢が求められます（Pollock, 2001；Donovan & Blake, 1992）。ちなみに Pollock の論文の題は，「私は彼に尋ねていないし，そもそも，彼は言っていないんだ」であり，患者の解釈モデルを理解することは，その患者に最適な服薬支援の前提条件であることがわかります。

4.1.2 患者心理とプラセボ効果

　皆さんが子どもの頃，お母さんから「この飴をなめると車に酔わないよ」と渡された飴をなめたら本当に車酔いしなかった！　というような経験はありませんか？

　患者心理が薬の効果に与える影響の象徴的なものとして**プラセボ効果**（placebo effect）と呼ばれるものがあります。placebo の語源はラテン語で I shall please（私は満足するだろう）という意味をもつそうですが，現代医学では新薬の臨床試験などで比較対象として用いられる薬理活性成分をもたない物質（**偽薬**ともいう）を指します。中野（1995）は，薬の効果は，真の薬理効果と自然経過による変動に薬を飲んでいることへの心理的効果（placebo 効果）が積みあがって現れると指摘しています（**図4-1**）。

　プラセボ効果に関する研究は，ヘンリー・ビーチャー（Beecher, 1955）が"The powerful placebo"という論文の中で薬効をもたないプラセボが投与された患者の35％に症状の改善がみられたことを報告したのが始まりです。その後もプラセボの研究はいろいろと行われ，精神薬理の分野や痛みなど心理的な影響が大きい症状については，治療に対する意欲や期待度がプラセボ効果に影響することが報告されています（中野, 1999；有田, 2000；Scott, 2007）。

　患者がコンプライアンスを守って薬を飲むことにより，プラセボでも症状が

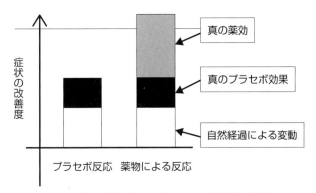

図4-1　プラセボ効果とは？（中野，1995を参考に作成）

改善した例も報告されていますが（Horwitz & Horwitz, 1993；The Coronary Drug Project Research Group, 1980），患者がきちんと薬を飲む背景には，医療者と患者の良好な関係性が存在することも推察されます（Stewart, 1995）。

　一方で，同じ薬理作用を含まない物質でも，薬や担当医に対する不信感があったりすると治療に有害な反応がでる場合があります。このようなネガティブな反応をプラセボ効果に対して**ノセボ効果**（nocebo effect）と呼ぶ場合があります。"nocebo" はラテン語の "I shall harm" に由来しています。

　プラセボ効果やノセボ効果からは，服薬効果と患者心理が密接な関係にあることが理解できます。薬を直接患者に手渡す役割を担う薬剤師には，患者が安心して主体的に薬を使うことができるように，薬や治療に対する患者心理を把握したうえでのサポートが求められます。そのためには一方的な服薬指導ではなく，患者の考えを聴き，患者が理解，納得して問題解決を図っていけるように，心理的に対等なコミュニケーション関係をもつことが重要です。

4.2　医療者－患者関係と服薬

4.2.1 コンプライアンス，アドヒアランス，コンコーダンス

　薬剤師にとって，服薬指導をしたにもかかわらずきちんと飲み方を守らない患者の存在は頭の痛い事態です。このような患者を「コンプライアンスの悪い

患者」という呼び方をしますが，ここでいう**コンプライアンス**（compliance）とは医療者から指示された治療を遵守する程度のことです。遵守という言葉からも推察されるように，この呼び方は，医療者に決められた治療計画を患者は受け身で遵守する（従う）もの，という前提に立っています。

　しかし薬に対する解釈は患者によって異なっており，コンプライアンスが悪い患者には，過去のネガティブな医療経験（副作用など薬へのマイナスイメージ，医療者への不信感など）や自分自身の病気や治療への認識（病気を受け入れていないなど）といった心理・社会的背景があることが推察されます。

　そのような背景を無視して一方的な指導を続けたとしても，患者との関係性が悪くなるだけでコンプライアンスの向上は望めません。特に治療の継続のために生活上の自己コントロールが不可欠な慢性疾患患者は，薬を飲むことの意義を自身で納得したうえで主体的に治療に取り組むことが求められます。

　そこで提唱されているのが，**アドヒアランス**（adherence）という考え方です。アドヒアランスとは，患者が医療者から示された治療法に自ら積極的に主体的に取り組むことです。アドヒアランス向上のために医療者は，提示された治療法が患者にとって実行可能か，服薬を妨げる因子があるとすればそれは何か，障害を解決するためには何が必要か，などを患者とともに考え，解決していく姿勢が必要です。

　さらにイギリスでは，患者の考えを尊重する話し合いの後に患者と医療者が合意に到達して治療に取り組む**コンコーダンス**（concordance）という考え方を提唱しています。英国王立薬剤師会（Royal Pharmaceutical Society of Great Britain：RPSGB）は，ノンコンプライアンスの背景を調査し，1997年に出された報告書の中で，コンプライアンスを改善するには，患者の内面の問題や薬や治療に対する信念やとらえ方にも留意する必要があることを指摘し，服薬における患者と医療専門職との新たな関係の在り方として，「コンプライアンス」という言葉から，今後は「コンコーダンス」という言葉を使用しようと提案しました（Marinker, 1997）。

　アドヒアランスとコンコーダンスは似たような意味で使われることも多いのですが，コンコーダンスのほうがより患者が治療方針の決定段階に参加しています。その分，患者にも十分な知識と高い意識そして医療者と心理的に対等な

立場でディスカッションする姿勢が求められます。

4.2.2 医療者−患者関係とコミュニケーション

　従来は薬剤師から患者へ薬の飲み方などを説明することを「**服薬指導**」と言っていましたが，その「指導」という言葉が薬剤師から患者への一方的な説明をイメージさせるため，「**服薬支援**」という言葉が適切ではないかとの指摘もされています。1992年にエマニュエルらが提示した4つの医療者−患者関係をもとに，薬剤師と患者の関係を考えてみましょう（**表4-1**）。

　エマニュエルら（Emanuel & Emanuel, 1992）は医療者と患者の関係を4つのモデルで示しました。

　パターナリズムモデルは，医療の専門家としての責任のもと，すべてを医療者が判断し，結果的に患者の意思や価値観は無視されてしまっている関係性です。医療者として患者に最善な方法を考えていたとしても，そこに患者の意思や希望は存在せず，医療者の価値観が基準となってしまいます。

　情報提供モデルは，患者の知る権利を尊重し，患者に十分な情報を提供するという意味で一歩進んだ関係性です。しかし，このモデルでは提供された情報についての判断は患者に委ねられてしまい，やはり医療者から患者への一方的

表4-1　治療場面における医療者と患者の関係性（Emanuel & Emanuel, 1992を参考に作成）

	パターナリズムモデル	情報提供モデル	解釈モデル	協議モデル
医療者に求められる役割	保護者	優秀な専門家	カウンセラーやアドバイザー	友人や教師
医療者の対応	・患者の意向に依らず，医療者の判断で治療を選択し実施する	・治療に関する情報を十分に提供する ・患者が選択した介入を実施する	・患者の価値観を明らかにし，治療に対する考えを解釈する ・治療に関する情報を十分に提供する ・患者が選択した介入を実施する	・治療に関する情報を十分に提供する ・最も適切な治療法を明示し，必要があれば患者を説得する ・患者が選択した介入を実施する
患者に求められる役割	客観的な判断への同意	治療の選択と意思決定	治療に関する自己理解	治療に関する自己成長

なコミュニケーションにとどまりがちです。

　次の**解釈モデル**は，患者の治療に対する価値観などを明らかにし，医療者から提供された情報に対する患者の考えを聴いていますが，最終的な判断は患者に委ねられます。

　そして**協議モデル**では，十分な情報提供を行いその時点での患者の価値観を明らかにしたうえで，必要な情報を適宜追加しながら意見交換をし，最終的に双方が納得できる判断をしていく関係性と言われています。このモデルでは患者が誤った理解をしていれば医療者が正しい理解を促したり説得したりすることもあります。そのプロセスにより，患者自身も治療に対する理解が深まったり考えが広まったりするなど自己成長が期待できます。このようなコミュニケーションでは，患者と医療者が心理的に対等な双方向のコミュニケーションが行われていると思われます。

　ここで改めて薬剤師と患者のコミュニケーションの目的を考えてみましょう。薬剤師にとっての前提が“患者は処方された薬を飲むことが当然”になってしまうと，「服薬指導」の目的は患者のコンプライアンスをいかに上げるかに終始してしまい，パターナリズムの関係性に陥る危険性があります（**表4-2**）。患者の自主性を尊重し，患者が治療の必要性を理解・納得したうえで自発的に薬を正しく服用するためのサポートをするためには，患者の考えや希望を聴き，適切な情報提供をしながら双方向のコミュニケーションを取っていく必要があります。

表4-2　服薬指導において陥りがちな薬剤師 – 患者関係

薬剤師にとっての「前提」	患者がその薬を飲むこと（治療）
患者にとっての薬の必要性	患者自身が必要性を認識しているかどうかは不明
コミュニケーションの目的	コンプライアンス向上のためだけになりがち
薬剤師 – 患者関係は？	薬剤師のパターナリズムに陥りがち

4.3 患者の自己決定支援のためのコミュニケーション

4.3.1 服薬支援に役立つコミュニケーションスキル

　薬剤師は何のために患者とコミュニケーションを取るのでしょうか。もちろん最終的には患者に最善の医療を提供し QOL 向上に寄与するためです。服薬指導というと，ともすれば薬の説明から始めてしまいがちですが，患者が納得して主体的に治療に取り組むためには薬剤師との相互理解が基盤となります。また，**医療コミュニケーション**のスキルにはさまざまな要素があり，患者中心の医療という考え方の浸透とともに，理論の整理がされてきました。ここでは，服薬支援に役立つコミュニケーションについて，一般的な医療コミュニケーションの心構えを示します。その後さらに，プラスアルファの知識とスキル習得のために，薬剤師として，また，人としての心構えを付加しています。

（1）患者と信頼関係を構築する

　「服薬指導」という言葉からは，「医療者が指導し患者は従う」関係が垣間見えてしまいます。そのときのコミュニケーションは，医療者から患者への一方的なものになりがちで，患者自身が何を望んでいるか，また服薬の理解がどの程度かを把握することができません。いくら薬剤師が正確に詳しく薬の説明をしても，患者自身が納得して自発的に治療に向き合わなければ意味はありません。そのためには患者からこの医療者になら話してもいい，この薬剤師の説明なら聞いてもいいという信頼を得る必要があります。まずは安心して話せるような雰囲気づくりや場づくりなど，患者に会う前の心構えから順に見ていきましょう。

① 面談を始める前に：コミュニケーションの準備
【一般的な心構え】

　患者との面談を始める前に，心の準備も含めて態勢を整えることが重要です。
　・面接に同席する者を確認，了解を得る
　・医療スタッフには守秘義務があることを伝えておく

- ・身だしなみを整える
- ・医療者にふさわしい清潔感のある服装，髪型などに留意する
- ・コミュニケーションの内容にあった場所と時間を選び，約束の時間を守る
- ・使用する部屋は，可能な限り他の患者やスタッフの干渉が少ない場所，時間帯となるよう工夫する
- ・面談中に他の電話がかからないように努める

【プラスアルファ：薬剤師としての心構え】
- ・3種の神器（薬剤＋薬剤情報提供用紙＋お薬手帳・薬歴）をきちんとそろえる

② 面談の導入

【一般的な心構え】

　面談の導入場面は，そのあとの流れを決め，信頼関係を築けるかどうかに影響します。
- ・挨拶をする
- ・名前を確認する
- ・名前や立場を名乗る
- ・面談の目的を話す
- ・時間の確認をする

【プラスアルファ：薬剤師としての心構え】
- ・本人確認または本人との関係の確認
- ・初回と継続来局を確認

③ 患者の話を聴く態度：非言語的コミュニケーション

【一般的な心構え】

　患者と向き合って座ったあとは，まず，患者の話を聴きます。その際に，視線や姿勢など非言語的なメッセージが患者の安心感につながることを意識することが大切です。
　＜姿勢＞
- ・相手の話を喜んで聴こうとする気持ちを姿勢に表す

・足や腕を組む，体をそらすようないばった印象を与える姿勢，片側に重心をかけるなど無意識の癖に注意

＜位置＞

・患者に圧迫感を与えないように相手との距離間に注意する

・緊張感の高い対面式よりは，斜めの角度に座ったほうがリラックスできる

・患者と目線が同じ位置になるように配慮する

＜表情・視線＞

・話の内容にあった表情で対応する

・原則は相手の目を見て話すことになるが，凝視し過ぎない

＜身体言語＞

・貧乏ゆすりなど無意識の癖に注意する

・患者の身体言語の意味をキャッチする

・適切な身体言語を用いる

＜声の調子やスピード＞

・相手の年代や状況に合わせる

・無機質（機械的）にならないように心がける

＜沈黙＞

・患者が自分の気持ちや考えを整理するために沈黙の時間を確保する

・患者の様子を観察しながら，ゆったりと待つ

【プラスアルファ：薬剤師としての心構え】

　・表情や顔色の観察

（2）患者の話を聴く

　患者との信頼関係ができたところで，患者から話を聴く段階に入ります。医療者が患者の話を聴く場合，治療法の選択や状態の判断のための客観的情報の聴き取りに力を入れがちです。しかしすでに述べたように，患者によっては自分の病気や治療について否定的な思いを抱いていたり，医療者に不信感をもっている方もいます。そのような感情や思いなどの主観的な情報も，より適切な治療につなげていくためには不可欠です。

　患者によっては，自分から積極的に話す人もいると思いますが，何を話して

よいかとまどっている患者も多いと思います。また，医療者としてのコミュニケーションは治療に必要となる情報を聴き取るという専門家としての目的もあります。そのため医療者としての質問力は重要となります。

　また，患者が話した内容を，薬剤師がきちんと理解していることを伝えることも大事です。ときには話しながら感情がこみあげてくる患者もいると思います。感情を受け止め，共感し，共有すべき内容を整理していくといった，患者に寄り添う対応が求められます。

① 患者に話してもらう：言語的コミュニケーション

【一般的な心構え】

　患者が自分から話してくれる場合は，適切な促しや相槌を打ちながら患者が言いたいことの要約や言い換えをして，患者に応答しながら整理していきます。患者が話してくれない場合は，適切な質問を投げかけて話すきっかけをつくる配慮も必要です。質問には，「はい」「いいえ」や年齢などの客観的事実で答えられる**閉じた質問**と，考えや気持ちを自由に話せる**開いた質問**があるのですが，双方にメリット，デメリットがあります。コミュニケーションの流れに合わせながら双方の使い分けが重要です。

【プラスアルファ：薬剤師としての心構え】

・多剤服用や重複投与等の確認が必要な場合がある

・初回なら，これまでのネガティブな服薬経験や薬のイメージ，治療に対する考えを聴く

・継続患者ならば，規定どおり飲めているか（コンプライアンス，アドヒアランス）

・服薬を続けている上で不都合や困っていることはないか確認する

ワーク4　　閉じた質問と開いた質問

・この親子に閉じた質問と開いた質問をしてみてください。

回答例：
　閉じた質問「お子さんは何歳ですか」「お子さんはなんという名前ですか？」
　開いた質問「お子さんはどんなときに喜びますか？」「お子さんはどうしてそのお名前なのですか？」

・この男性に閉じた質問と開いた質問をしてみてください。

回答例：
　閉じた質問「体重は何キロでしたか？」「何回測っているんですか？」
　開いた質問「どうして体重を測っているのですか？」

イラスト：ⓒ石井デザイン研究所／徳重里美

② 患者の話を受け止め，整理する

【一般的な心構え】

　患者の話を，うなずき相槌を打ちながら聴くことによって，患者も聴いてもらえていることがわかり安心して話が続けられます。また患者が使った言葉を繰り返すことで，医療者の理解や共感を示すことができます。ある程度話が進

んだところで，患者の問題点を抽出し，患者自身に確認します。面談をしながら患者も自分自身の問題に気づいていく場合も多いので，他に問題がないかどうか確認しながら聴いていく姿勢が必要です。患者の話から問題点をまとめるときは，決めつけず，患者と共有できているかに留意します。

【プラスアルファ：薬剤師としての心構え】

・服薬状況，ノンコンプライアンスの原因や背景を整理して，問題点を抽出する

（3）患者への説明や教育

　患者が抱えている問題の原因や背景を整理し，問題点が抽出できて初めて，専門家としての適切な説明や情報提供が意味をもちます。このとき，一方的な説明にならないように注意が必要です。あくまでも主体は患者であることを忘れずに，患者と一緒に解決の方法を考えていく意識が重要です。

① 専門家としての説明・情報提供

【一般的な心構え】

　問題点が明確になったところで，専門家としての説明や情報提供に入ります。そのとき，意識するべきなのは，その患者にとって今必要な情報をわかりやすく説明することです。

　「わかる」とは，初めて聞いた新しい言葉をこれまでの自分の知識の中の似たものと関連づけて同類のものとして認識することです。ですから各々の知識や理解度に合わせた説明を工夫する必要があります。

　患者が質問しやすいように，説明の前に，わからないことがあればいつでも質問をしていいことを伝え，区切りのいいところで，理解しているか，質問がないかを確認するよう心掛けます。

　面接の最後には，もう一度全体を振り返り，何か質問があればいつでも対応すること，支援の気持ちや体制が整っていることを伝えます。

　医療者としては，まず患者の気持ちや考えを聴き，患者の意志を尊重したうえで専門家としての判断や知識を伝え，患者の主体的な選択をサポートする姿勢が重要です。

【プラスアルファ：薬剤師としての心構え】

・フォローの体制を伝える

4.3.2 患者参画型コミュニケーション

（1）双方向コミュニケーションの重要性

　患者主体の医療のためには，薬剤師と患者が心理的に対等なコミュニケーションを取れる関係性の構築が必要です。**表4-3**に**患者参画型コミュニケーション**（two way communication）についてまとめました。

表4-3　患者参画型コミュニケーション

前提	薬剤師と患者で考え方・認識をすり合わせ，治療に向けての目標を共有する
必要性	患者が治療内容の説明を理解し，その必要性を認識する
コミュニケーションの目的	薬剤師は専門的なことをわかりやすく説明し，患者は情報共有を通して理解を深める
関係性	患者が治療の目標や方針を理解できるように，薬剤師は意思確認を欠かさない円滑なコミュニケーションを心がける

　患者参画型コミュニケーションを実現するためには，医療者と患者が双方向のコミュニケーションを取る必要があります。双方向のコミュニケーションのメリットとして，

　　・情報や状況の把握が正確にできる

　　・相手の本当のニーズが正しく把握できる

　　・互いの理解度の相互確認ができる

　　・お互いの認識のずれを埋めることができる

　　・的確な情報提供ができる

などがあげられます。しかし，臨床現場の薬剤師からは，患者の話を聴いたあとどうしていいいかわからない，結局最後は一方的な説明になってしまう，という悩みをよく耳にします。そのような場合に生じているのが，医療コミュニケーションの目的がバラバラになっている状況です。それぞれの目的に合わせ

表4-4　医療コミュニケーションの目的とポイント

目的1.	良好な医療者—患者関係を構築すること
ポイント	傾聴・受容・共感
目的2.	患者から必要な情報を聴き取ること
ポイント	開いた質問・閉じた質問
目的3.	患者に対して適切な説明や教育を行うこと
ポイント	わかりやすい説明・行動変容につながる教育

たコミュニケーションのポイントを**表4-4**に示しました。

　実際の患者とのやりとりは，傾聴や質問などのコミュニケーションスキルが独立して存在するわけではありません。患者との信頼関係を構築するための基本的な態度である傾聴・受容・共感が基盤となって，傾聴した話を，開いた質問や閉じた質問を使って整理しながら適切な説明や教育につなげていくイメージです。薬剤師は，患者が自分の状態や治療について十分に理解し納得したうえで，患者自身にとって最善の治療を決定する支援をするためにコミュニケーションを取っているのです。

（2）ナラティブコミュニケーション

　医療者が患者とコミュニケーションを取る難しさとして，コミュニケーションの目的に含まれる矛盾した2つの側面があります。つまり，治療の判断や状況を把握するための客観的な情報を効率よく聞き出す技術と，患者の感情を共有，共感する情緒的な相互交流です。しかし情緒的な面に巻き込まれてしまうと医療者としての公平な判断に影響を及ぼす懸念もあります。どちらも重要な側面ですが，両方を満たすコミュニケーションはなかなか難しいと思います。そこでご紹介したいのが，斎藤（2014）が提唱した**ナラティブコミュニケーション**です（**図4-2**）。

　実際にナラティブコミュニケーションを薬剤師教育に取り入れてみると，患者と医療者がコミュニケーションを取る場合に陥りがちの一方向性や医療者が患者の情報を聴き取るという医療者が陥りがちな優位性に気づかされます。つまり「患者の病の体験の物語」を聴き取るだけで満足してしまう（ステップ1で終了してしまう）ケースが多いのです。患者の自己決定支援のためには，医

療者が聴き取った物語をどのように理解し解釈したかについて患者と共有するプロセス2が不可欠です。双方向のコミュニケーションを取ることによって患者の話を聴く前にもっていた「医療者の物語」も進展し（プロセス3），情報や感情が整理され患者にも医療者にも新しい物語が浮上します（プロセス4）。そしてプロセス5は，新しい物語によって患者が取り組んだ医療行動の評価ですが，このときも患者自身がどのように感じているか，課題があるとしたらどのように解決していくのか等を対話を通して解決していきます。どの段階においても，**医療者と患者の相互性**こそが医療コミュニケーションにおいては非常に重要です。

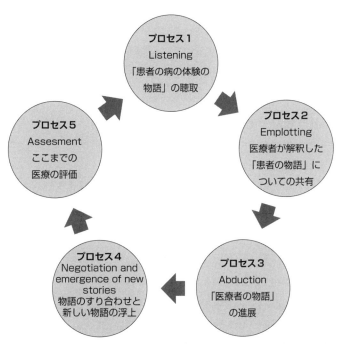

図4-2　ナラティブコミュニケーションのプロセス（斎藤，2014を参考に作成）

事例4　信頼関係を構築するための言葉がけとは？　怒る患者，話そうとしない患者

　Aさんは口数は多くないが，おだやかな患者だった。
「今日はどちらにかかられたのですか？」
「……」
　いつもなら，答えてくれるのに，おかしいと感じて，なるべく笑顔で続けた。①
「（処方箋を見ながら）●●医院ですね。久しぶりなのではないですか，前はいつでしたか」
「……」
「（記録を見ながら）8ヶ月前ですね」
「今日はどうされましたか？」
「……」
「以前は外耳炎で受診されたようですね。今回も同じでしょうか？」
「いちいち聞かないで，さっさと薬を出してくれ」とAさんは大きな声で言うと，
　待合室の奥の椅子に向かって行ってしまった。処方箋を見ると耳鳴りのための薬が出ていた。めまいの薬も出ている。具合が悪いのかもしれない。奥の椅子のところまで行って，そっと隣に腰をかけた。そこは周りに患者もいなかった。②
「Aさん，いま少しめまいしていますか？　立ってると変な感じありますか？」
「うん，なんか気持ちが悪いんだ」
「そうでしたか，気づかなくてすみませんでした。最近なんですか？」
「2～3日前から急にな。少し転んでしまって，ここ怪我もして……前はこんなことなかったから」
　ひじのところが赤くなっていた。
「お風呂でしみそうですね。骨が折れたりしなくてよかった。③少し心配ですね。先生はなんておっしゃいましたか？」
「薬で様子をみようって。これで治らないと困るよね」
「他の症状がないみたいでしたら，あまり心配されないで。少し疲れてるとか，何か気になることがあって夜眠れない，などありますか？」④
「孫が学校で怪我したらしく息子から連絡があって，入院してるみたいだ。命にはかかわらないんだけど」
「お孫さん，かわいがってらしたものね。よく眠れないことが原因でしたら，このお薬を飲んで良くなっちゃうかもしれませんね。まずはためして，まだ調子が悪ければ様子をすぐ知らせてくださいね」⑤
　Aさんは少しほっとした顔つきになり頷いていた。

　患者がコミュニケーションを取りたがらない場合，何か原因があるはずなので，薬剤師はその背景を見立てる必要があります。病気の症状のせいなのか，一時的な精神状態なのか，精神的な不安があるのかなど，心当たりを思い起こして，患者に関するその他の情報と照らして自分なりの場合分けをすることが必要です。事例で

は, 下線部①の「いつもとちがっておかしい」という薬剤師の感じたことが重要な転換点となり, どうしていつもと違うのかに焦点化した会話を続けています。

　また, 怒っている患者にたたみかけて対話を続けないで, 場所を変えて, 患者の気持ちが少し落ち着くのを待っています。そして, 周りに患者がいないことを確認して (下線部②), あらためて, 話を聴くことで, Aさんの緊張した不安な状態を少しやわらげることができているようです (下線部③)。耳鳴りやめまいが生じるパターンを思い浮かべながら, 医師がすぐに別の検査などをしないで, 処方薬で対処したことも勘案して「様子をみましょう」と声をかけています (下線部④)。

　さまざまな情報を自分の中で整理しながら, 患者に最適な対処ができているか確認して, 適切であれば, 患者の安心感を高められるような話しかけ方で, 次回の受診や相談に来やすいように誘導しています (下線部⑤)。

コラム⑥　薬剤師によるお薬・子育て相談

　2022年に生まれた子どもの数は80万人を下回ったことが報道され, 大きな反響を呼びました。政治家は「異次元の少子化対策」を口にしましたが, こども家庭庁の設置やこども基本法の施行といった外枠は打ち出されるものの, 肝心の中身が次世代を担う子ども・若者に届いているようには見えません。子どもが少なくなってしまうとますます子育てがしにくい社会となってしまうことや, 子どもの視点からの意見が忘れられてしまうという危機感を, 多くの子どもや子育て支援に関わる関係者は共有しています。

　少子化対策は90年代後半から始まり, 数々の施策が実践されていますが, 子育て負担感を訴える声はいまだ大きく, 出生率の向上にもつながっていません。さらにさまざまな試みがあちこちで行われていくことが必要です。

　そんな例のひとつとして, 自治体と協力して, 大学と薬剤師会で実施してきた「お薬・子育て相談」の活動を紹介します。保育士, 臨床心理士, 薬剤師といった専門職が揃って, 子育て中の親子を迎えてカフェをしたり, おしゃべり会を開いたりしています。

　親御さんたちはさまざまな相談をもち込みます。
「皮膚科でもらった薬が容器の側面に残ってしまうのですが, 成分は変わらないですか？　使用しても大丈夫ですか？」
「薬の味がきらいで, どんな工夫をしてもすぐに気づいて, 飲んでくれなくて困っています」
「授乳中ですが, 私の持病の薬を12時間あけて飲むように言われました。それだと授乳のタイミングがわからなくて, 結局服薬できていません」

などなど。

　保育士や臨床心理士は，子育て不安を受け止め，子どもの成長を肯定的に見守れるような支援を心がけます。

　一方，薬剤師はどのような関わりをしているかというと，問われた質問に対して，わかりやすく真摯に情報を伝えたり解説をしたりしながら，答えます。親御さんは不安がたくさん溜まっており，次々といろいろな関連する質問をします。薬剤師はどれに対しても，考えたり，少し躊躇したりしながら懸命に答えます。しばらくやりとりが続きます。観察していると，親御さんが次第に表情を明るくし，リラックスしてくるのです。お薬子育て相談会に参加してくれた親御さんは，薬の説明を十分に専門的にしてもらうことで，納得して子育て不安を減らすことができているようです。

　こうした子育て中の子どもや親への関わりは，薬剤師の薬の専門家としての専門性が十分に発揮された，他職種にはできない関わりです。保育の専門家や心理学の専門家とはまた違ったアプローチが機能すると言えます。

　成育医療研究センターや地域の拠点病院では高度に専門的な活動が展開されていますが，もうすこし身近で，子育て支援者としての薬剤師の活躍が広がっていくことは，地域の子育て支援力の向上には欠かせないと考えます。

第4章のポイント

・相手の様子をよく観察して，いつもと違うことに「あれ？」「おや？」と気づく。
・ルールどおりの面接にこだわらないで，相手が話しやすい雰囲気をつくる。
・薬のことや体調面以外にも患者の生活で何か変化が起きていないかを把握する。
・共感を伝えて患者の緊張や不安をやわらげる。
・次回の受診・相談に来やすいように誘導する。

■第4章 参考文献

有田 悦子・熊谷 雄治・横田 慎一（2000）．臨床第1相試験におけるプラセボ投与時の自覚症状発現に関する検討——精神科系薬剤を中心に—— *The Japanese Society of Clinical Pharmacology and Therapeutics, 31*(1), 165-166.

Beecher, H. K.(1955). The powerful placebo. *Journal of the American Medical Association, 159* (17), 1602-1606.

Donovan, J. L., & Blake, D. R.(1992). Patient non-compliance : Deviance or reasoned decision-making? *Social Science & Medicine, 34*(5), 507-513.

Emanuel, E. J., & Emanuel, L. L.(1992). Four models of the physician-patient relationship. *Journal of the American Medical Association, 267*(16), 2221-2226.

小松 楠緒子（2004）．医師–患者関係における協議モデル——メリット，問題点および今後の課題——

文京学院大学外国語学部文京学院短期大学紀要, *3*, 205-214.

Horwitz, R. I., & Horwitz, S. M.(1993). Adherence to treatment and health outcomes. *Archives of Internal Medicine, 153*(16), 1863-1868.

Marinker, M.(1997). *From compliance to concordance : Achieving shared goals in medicine taking.* Royal Pharmaceutical Society/Merck Sharp & Dohme, London.

中島 和江(1998). 米国におけるインフォームド・コンセント──倫理, 法律, 臨床現場の視点から── 臨床成人病, *28*(9), 1047.

中野 重行 (1995). 臨床評価──Placebo をめぐる諸問題のポイント── 臨床薬理, *26*, 611-615.

中野 重行・菅原 英世・坂本 真佐哉・小関 哲郎・上村 尚人・丹生 聖治・角南 由紀子・松木 俊二・梅月 恵美 (1999). 心身症患者におけるプラセボ効果に関与する要因──医師患者関係, 治療意欲および薬物治療に対する期待度── 臨床薬理, *30*(1), 1-7.

Pollock, K.(2001). I've not asked him, you see, and he's not said : Understanding lay explanatory models of illness is a prerequisite for concordant consultations. *International Journal of Pharmacy Practice, 9*(2), 105-118.

斎藤 清二 (2014). 関係性の医療学 ナラティブ・ベイスト・メディスン論考, *135*, 106-113.

Scott, D. J., Stohler, C. S., Egnatuk, C. M., Wang, H., Koeppe, R. A., & Zubieta, J. K. (2007). Individual Differences in Reward Responding Explain Placebo-Induced Expectations and Effects. *Neuron, 55*, 325-336.

Stewart, M. A.(1995). Effective physician-patient communication and health outcomes : A review. *Canadian Medical Association Journal, 152*(9), 1423-1433.

The Coronary Drug Project Research Group (1980). Influence of adherence to treatment and response of cholesterol on mortality in the coronary drug project. *New England Journal of Medicine, 303*, 1038-1041.

第Ⅲ部
患者を支える人たちのための心理学

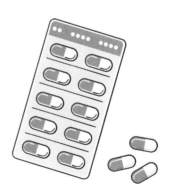

第5章

チームのコミュニケーション

　薬剤師に求められる役割が対物から対人へと大きな変化を遂げ（患者のための薬局ビジョン，2015），薬剤師の活躍の場も広く地域へと広がりをみせています。地域医療では，一人の患者に対して専門も所属する機関も異なる多種多様な職種がチームを組んで直接的，間接的に関わっています。そのチームでは，ケアマネージャーなどの非医療職がキーパーソンとなっていることもひとつの特徴と言えるでしょう。患者宅の訪問日やタイミングも各職種によって異なり，そのときに得られる情報の量や質も同一ではありません。そこでますます重要になってくるのが，チームメンバー同士のコミュニケーションです。

　本章では**在宅医療**において患者を支える人たちを念頭におき，多職種間でそれぞれが得た情報を誤解なく共有するために留意すべき点と自他尊重のコミュニケーションスキルについて紹介します。

5.1　チーム内のコミュニケーション

5.1.1 多職種でのコミュニケーションの特徴

　多職種間のコミュニケーションの特徴として，専門用語や略語の多さがあげられます。同じ教育を受けた者同士であれば特に意識しない言葉でも，非医療職や異なる立場の人々が入ると，伝えたい意図とは異なる解釈につながるおそれや，そもそも伝わらない可能性があります。また，直接対面の機会が少ない中でタイムラグなく情報を共有するために，コミュニケーション手段としてメールやシステム入力などのさまざまな媒体を用いるため，送り手が伝えたかったことと受け手が理解したことの間にズレが生じていても気づきにくい懸念も生じます。

5.1.2 コミュニケーションエラー

　コミュニケーションは，まずコミュニケーションを取りたいと思った送り手が，送りたい情報を符号化（encoding）し，メッセージを何らかの伝達経路を用いて受け手に伝えます。メッセージを伝えられた受け手はその内容を自分なりに解読（decoding）して，それが刺激となって新たなメッセージを送ります。つまりコミュニケーションは送り手，メッセージ，伝達経路，受け手，刺激（効果）から構成されていると言われています（**図5-1**）。

　コミュニケーションエラーは，メッセージを受け取った側が伝えられた内容を解読するときに起こりやすいと考えられます。つまり，受け取り手の思い込みなどにより送り手の意図と異なる解釈をしてしまうと，コミュニケーションエラーが生じます。多職種でのコミュニケーションの特徴で述べたように，日頃聴きなれない専門用語や言語メッセージのみのメール文面などの解釈時にはエラーが生じやすく，医療事故やインシデントの最大の原因はコミュニケーションエラーだと言われています（嶋森・福留他, 2003）

5.1.3 チームメンバーの力関係とコミュニケーション

　医療事故やインシデントの要因としてコミュニケーションエラーが指摘されていますが，その背景にチームメンバー間の力関係が隠れている場合があります。そもそもチーム医療は，多様な背景をもつ専門家が患者へ最善の医療を提

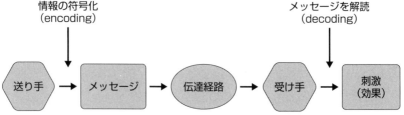

図5-1　コミュニケーションの構成要素（Wiedenbach & Falls, 1978／邦訳2007を参考に作成）

供するという1つの目的を実現するために一丸となって取り組むことを理想としています。しかし，チーム内で職種や立場，年齢などによりそれぞれの考えを自由に言えないような心理的力関係が生じてしまうと，せっかくさまざまなバックグランドをもった専門家が集まっても建設的な意見交換が難しくなってしまいます。その結果，コミュニケーションも力のある者からの一方的なものとなってしまい，チームメンバーそれぞれの専門性も生かせず，チーム本来の目的も果たせなくなってしまいます。

　図5-2に示したように，チームエラーは，個人もしくは複数の人間が犯したエラーを他のチームメンバーが修復できなかった場合に生じ，すべての段階にコミュニケーションエラーが関与しています（Sasou & Reason, 1999）。

　チームが効果的に機能するためには，メンバー全員がチームとしての目的を共有し，それぞれの立場から問題解決のための建設的な意見を言い合える関係性が重要です。このようにチームメンバー全員が適切な自己主張をしているときは，お互いの専門性や立場を尊重したうえで双方向のコミュニケーション（two way communication）が成り立ち，互いの考えや理解を確認できるので，早めに認識のずれを埋めることが可能となります。

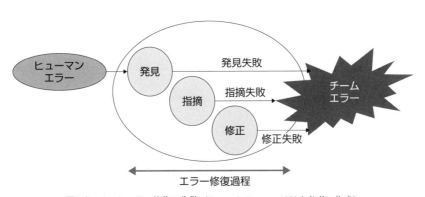

図5-2　チームエラー修復の失敗（Sasou & Reason, 1999を参考に作成）

5.2 チームの中での薬剤師

5.2.1 チームの中での薬剤師の役割

　医療が高度化，細分化し，チームの中で薬剤師に求められる役割はますます重要になっています。薬物動態，相互作用，副作用等の薬に関わる専門知識を尋ねられた場合に，それに応答し，またポイントごとに適切に指摘する役割があります。また，さまざまな事情で，ある薬が使用できなくなった際には代替薬を提案することを求められます。カンファレンスなどで治療方針を協議している際に，最新の医薬品情報を求められることもあります。その際，専門的な知識を医療者に提供するとともに，どうすればこうした情報を適切に伝えられるか，という点にも薬剤師の専門性が発揮されることが多くなりました。この点はこれまで見過ごされがちでしたが，非常に重要なことです。

　いくら知識が山のように豊富にあっても，それを患者に適切に伝えられなければ実際の医療に還元することができません。個別の知識を習得するだけではなく，患者の姿や治療の場面を思い浮かべながら，個々の知識や情報を組み合わせて，頭に入れておくことが求められています。

　また，各場面で何が要求されているかという判断力も必要です。相手が求めていることを理解するためには，相手に関心をもつことが第一歩です。自分のもっている知識を披露するだけではなく，患者の治療に役立つようにチームとして機能することに貢献するために，建設的な議論に積極的に参加していく態度が不可欠です。知識を蓄え技術を磨くとともに，クリエイティブな感覚，考え方，行動を心がけていかなくてはなりません。

5.2.2 薬剤師を活かすコミュニケーション：アサーションの重要性

　薬剤師がチームの一員として建設的な議論に参加していくためには，他職種の専門性を理解し尊重するとともに，薬剤師としての責務を果たすため適切に主張していく姿勢も重要です。他職種へのインタビュー調査結果（志賀他，2021）では多職種連携において自分の考えを主張することに抵抗を覚える薬剤師の姿が浮かび上がってきました。その背景としては様々な要因が考えられま

すが，コミュニケーションエラーの項でも述べた職種や立場，年齢などの違い
が縛りになっている可能性があります。医療チームの中では薬剤師が一人だけ
ということも多いので，プロフェッショナルとしての自覚をもって適切な自己
主張をすることは，結果として患者主体の医療にも繋がっていきます。

　自分の意見を適切に伝えることは決して相手を非難したり攻撃したりするこ
とではないのですが，自己主張という言葉に攻撃的なイメージをもつ人もいる
かもしれません。もし相手を非難しているように聞こえるときは，主語が「あ
なた」で始まっている場合が多く，これを「**あなた（You）メッセージ**」とい
います。逆に相手に素直に受け入れてもらいやすい言い方は，主語が「わたし」
で始まっており，これを「**私（I）メッセージ**」といいます（第2章参照）。

　例えば，友人に美味しいお店を紹介したところ，後日，連絡が来て「あなた
に紹介されたから行ったのに美味しくなかった」と言われたらどう思います
か？　紹介はしたけれど，行くと決めたのは自分でしょ！　と言いたくなって
しまいますよね。なんとなく不愉快に思う会話には，「あなた」メッセージが
隠されている場合が多いのです。

　「私」を主語にするということは自分の発言に責任を持つことになるので，
ときどき，日頃の自分の発言を振り返ってみることも必要です。

　そのほかに，自分の意見を最終的に採用してほしいとの思いが強すぎる場合
もあります。自分の考えがチームとしての最終意見になるのは嬉しいことです
が，**アサーション**（第2章参照）は自分が主張する権利があるのと同様に相手
にも断る権利があることが前提となります。チームの中で適切な自己主張をす
る目的は自分の意見を通すことではなく，チームとしての大きな目的（医療チー
ムの場合は患者の **QOL 向上**など）に向かって建設的な解決策を考えるためで
す。

　チームの中で自分自身の考えを適切に主張できるようになるためには，第2
章で学んだような訓練はもとより，チームにおける自分の存在意義や最終的な
目的を俯瞰して見る力も備える必要があるのです。

> **コラム⑦　多職種連携（IPE）カリキュラムで学んでほしいこと**
>
> 　IPEとは，**専門職連携教育**（Interprofessional Education）の略称です。「複数の領域の専門職が連携し，ケアの質を改善するために同じ場所で，ともに学び，お互いから学び合うことで，互いを高め合うこと」（Barr, 2002）と定義されています。
>
> 　現在では現場の医療従事者だけでなく，医療者の卵である学生を対象としたIPEカリキュラムを導入している大学も増えています。
>
> 　たとえば，具体的な臨床事例を用いてディスカッションを行い，各職種の専門性を生かした問題解決への提案をプロダクトにまとめ，共有するような試みがなされています。
>
> 　学生時代からIPEに参加することにより，他職種の専門性への理解を深め，将来，チームの一員として自他尊重のコミュニケーションを取りながら活躍できる素養を醸成することが期待されています。
>
> 　IPEはさまざまな医療，福祉，教育現場にも広がっています。病院や地域における医療現場に加え，学校薬剤師として活動する教育機関での教師，養護教諭，学校医との連携のために教育学部，心理学部（学科），保健・健康科学系学部（学科）におけるIPEや，地域での福祉職や介護職をめざす学生も加わったIPEの実践事例があります（日本コミュニティ心理学会, 2023）。

5.3　対人援助職のメンタルヘルス

5.3.1 バーンアウト症候群

　昨今，長時間労働が問題視されています。医療職や教育職のような対人業務の専門職に関しては，長い時間心理的なストレスがかかりすぎることによって，心身の疲労感が極度に高まり，仕事の継続や生活をしていくこと全体に支障が出る，**バーンアウト（燃え尽き）症候群**という状態が知られています。介護，福祉，心理などの専門職に加え，管理職，営業職，警察官にまで同様の症候群が広がっていると言われます（上野・久田, 2008）。**バーンアウト**とは，「極度の身体疲労と感情の枯渇を示す症候群」と定義されています（Maslach, 1976）。Maslach Burnout Inventory（MBI）では「**情緒的消耗感**」「**脱人格化**」「**個人**

的達成感の低下」の3つをバーンアウトの症状としています（久保, 2019）。情緒的消耗感を主症状とし，それに続いて脱人格化，個人的達成感の低下が起こると考えられています。情緒的消耗感とは「仕事を通じて，情緒的に力を出し尽くし，消耗してしまった状態」と定義され，情緒的資源の枯渇が起こることです。脱人格化とは情緒的資源のこれ以上の消耗を防ぐための防衛反応のひとつであり，患者や同僚との関係の悪化が起こります。これらの症状は，提供するサービスの質に影響し，成果が落ち込むのに伴い，個人的達成感の低下が起こります（久保, 2007）。この3つの症状の結果として，仕事の質の低下が起きてしまいます。

　薬剤師のバーンアウト症候群に関する研究は多くはありません。病院薬剤師も保険薬局薬剤師も多くがストレスを感じているとされます（中嶋他, 2008）。病院薬剤師の職業性ストレスの内容としては「基本的業務」「自立・専門性」「雇用・将来」があげられました（井奈波他, 2014）。専門職であるため，雇用の安定性に対してはある程度楽観視しているのですが，つねに完璧に仕事を追求しなければならないという責務に重圧を感じるという特徴が見られました。薬剤師の需給バランスや薬局経営上の問題等，近年では雇用に対する不安も多くなっています。これらのストレスが原因となり，燃え尽きかけた薬剤師が燃え尽きてしまうこと（バーンアウト）を防ぐために離職・転職する場合もあるでしょう。

　薬剤師のバーンアウトと労働環境について検討した報告では，職場環境，たとえば「労働時間管理の徹底」「フレキシブルな働き方」「病気の治療に専念しやすい環境整備」「転職経験」といった要因に関する満足度を上げることで，バーンアウトを防ぎ，良好な精神的健康状態につながることが示されています（吉永他, 2020）。

5.3.2 薬剤師のメンタルヘルスと今後の方向性について

　病院薬剤師と保険薬局薬剤師では働き方や職場環境が異なり，そのストレスに関連する要因には違いがあり，さまざまです。患者やその家族，さらに多職種との関係性といった対人的な要因に加え，長時間労働や患者対応の数といった労働条件が過酷なことから起きてくる心身の疲労はときに深刻なメンタルヘ

ルスへの影響をもたらすことが想像できます。有田（2010）は燃え尽きかけた薬剤師の相談を受けることや，燃え尽きる前に離職する薬剤師が近年増えていることを指摘しています。その背景には在宅医療業務が増えて，業務の質がものからひとへとなる薬剤師機能の転換が起きてきていることも関わっています。

　2020年から世界中に感染拡大が起きたCOVID-19蔓延下では，薬剤師も他の医療職と同じように，感染症に向き合うだけではなく，家族や自身の感染対策など，大きな負荷を強いられる状況にありました。病院薬剤師に対して行われた調査では対象者の48.8％に「意欲低下」「いらいら」「不安」といった具体的な症状が出現していたことが報告されています（白石他, 2022）。

　社会における薬剤師の活躍がより大きく発展していけば，その心身への負荷もまた増えていくことが予想されます。メンタルヘルスのセルフコントロールやコーピングの獲得をめざした研修機会を設けたり，相互に悩みを聞き合えるセルフヘルプグループやピアサポートグループなどを組織していくことも有効であると考えます。大企業と同様の対策を求めるのは難しいかもしれませんが，薬局のような小さな環境でも心身の健康向上に配慮した働き方改革を進めていくことは最重要事項と言えるでしょう。

第5章のポイント

- 地域医療では多種多彩な職種が集まって一つのチームを組んでいる。
- 患者にとって最良の医療を提供していくためには，チーム内で目的を共有し，その達成のためにそれぞれが問題を解決していくための内発的な動機づけを持つことが必要である。
- 自分と異なる多様な価値観を受け入れ，自他共に尊重した適切なコミュニケーションを取ることにより，チームとして患者やその家族を支えることが可能になる。

■第5章　参考文献

有田 悦子 (2010). 薬剤師のメンタルヘルスと今後の方向性について 日本薬剤師会雑誌, *62*(2), 225-228.
Barr, H. (2002). *Interprofessional education : Today, yesterday and tomorrow : A review, 2002*. London : Higher Education Academy, Health Sciences and Practice Network.
井奈波 良一・日置 敦巳・近藤 剛弘・中村 弘輝・中村 光浩 (2014). 日本職業・災害医学会会誌, *62*, 322-327.
厚生労働省 (2015). 患者のための薬局ビジョン――「門前」から「かかりつけ」，そして「地域」へ―― 厚生労働省
久保 真人 (2004). バーンアウトの心理学――燃え尽き症候群とは―― サイエンス社

久保 真人（2007）．バーンアウト（燃え尽き症候群）ヒューマン・サービス職のストレス　労働研究雑誌, *558*, 54-64.

日本コミュニティ心理学会（2023）．特集 コミュニティのなかで多職種連携をいかに学ぶのか　コミュニティ心理学研究, *26*(2), 45-100.

Maslach, C.(1976). Burned-out. *Human Behavior, 5*(9), 16-22.

水本 清久（編著）（2011）．チーム医療におけるコミュニケーション　インタープロフェッショナル・ヘルスケア実践 チーム医療論実際と教育プログラム（pp. 61-70）医歯薬出版

中嶋 正憲・西口 工司・三木 純平・藤堂 博美（2008）．保険薬剤師の職業性ストレスの現状について　日本薬剤師会雑誌, *60*(4), 483-488.

日本ファーマシューティカルコミュニケーション学会（監）後藤 惠子（責任編集）有田 悦子・井手口 直子・後藤 惠子（編）（2011）．薬学生・薬剤師のためのヒューマニズム　羊土社

Sasou, K., & Reason, J.(1999). Team errors : definition and taxonomy. *Reliability Engineering & System Safety, 65*, 1-9.

志賀 弓華・竹平 理恵子・小倉 未来・有田 悦子（2021）．多職種連携の現状と薬剤師が抱える思いから――他の職種との距離感からの考察――　第54回日本薬剤師会学術大会（WEB）講演要旨集, 2021.9.19-20.

嶋森 好子・福留 はるみ他（2003）．コミュニケーションエラーによる事故実例の収集分析――看護現場におけるエラー事例の分析からエラー発生要因を探る――　2001年厚生労働科学研究報告書（主任研究者 松尾 太加志）, 13-28.

白石 貴寿・坂本 拓也・川村 ひとみ・金城 俊之介・奥田 和貴・小松 浩大・小澤 明日香・小西 裕二・荒井 宏人（2022）．新型コロナウイルス感染症（COVID-19）パンデミック長期化における病院薬剤師のメンタルヘルスの現状と課題について――全国労災病院32施設を対象とした調査報告――　医療薬学, *48*(2), 70-78.

上野 德美・久田 満（編）（2008）．医療者のバーンアウトとメンタルヘルス 医療現場のコミュニケーション――医療心理学的アプローチ――　あいり出版

Wiedenbach, E., & Falls, C. E.(1978). *Communication : Key to effective nursing.* Tiresias Press.(ウィーデンバック, E.・フォールズ, C. E. 池田明子（訳）（2007）．コミュニケーション：効果的な看護を展開する鍵　日本看護協会出版会）

吉永 真理・坪井 将矢・沼田 千賀子（2020）．薬局薬剤師のバーンアウト――職場環境に着目して――　日本薬学会年会

第6章
患者の家族を支える

6.1 家族の役割と葛藤

　ここでは，事例をもとに，患者家族の役割とその葛藤について考えます。事例は実際に起きた内容に関して支障がない程度に改変して用いており，また，参考文献を参照して，再構成しています。

事例5　うつ病患者とその家族

A介　52歳　メーカー勤務　家族（妻，独立した息子，娘夫婦と孫が同居）

　A介は大手のメーカーで働いています。営業畑で人一倍がんばり，部長に就任しました。A介は張り切って業務の改革に乗り出しますが，部下の反対に合い，会議は長時間に及ぶことが多く，議論を経ても計画が進まないことがたびたびありました。しかし，中には影ながらサポートしてくれる部下もおり，気を取りなおして仕事に取り組んでいました。あるとき，クライアントからクレームが入り，対応策を検討しているうちに相手が激昂し，会社まで押し掛け，A介に詰め寄るなどしました。また直接社長に手紙を書くなど行動がエスカレートし，A介は次第に追いつめられていきました。疲労感が取れず，会社に来るのが辛いことが多くなってきました。通勤電車の中で涙が止まらなくなったり，ぼんやりして考えがまとまらなかったり，ミスをしやすくなりました。不安で眠れないことが多くなり，食欲も落ち，周囲の人が驚くほどやせていきました。様子を見かねた妻は会社に電話をして，「明日は休ませます」と宣言して，医者に連れて行きました。医師からは重いうつ病ですぐに休職したほうがよいと言われました。通院しながら自宅療養を続けましたが，気分が良くなる期間もあるもののすぐに落ち込んで家から出られないばかりか，ときには寝たきりで，散歩もままならない日が続きました。とうとう退職届を出し，療養に専念するようになりました。その間，妻や子どもたちは献身的に支え，嫁いだ娘は家族とともに戻り同居して，サポートを続けました。昔の友達もときにはかけつけて，妻や娘が息抜きできるよう協力してくれました。発病から6年余りが経過した頃，元通りとはいかないものの，孫の世話をしたり，海外旅行に行ったりで

> きるようになり，通院も終結となりました。

●事例を読み解く

　A介の事例について家族の関わりを見てみると，休息を確保して治療を開始する，長引く治療を心理的物理的に支える，本人が生活を変えるきっかけをつくる，という3点において，その果たした役割が大きいことがわかります。うつ病はいつも頑張っている人の気持ちが切れてしまったような状態であると言えます。また，戦いに疲れたり，攻撃にさらされたりして気力を奪われた状態とも言えます。環境を変えて，本来の気力と体力を取り戻す時間と余裕を確保することが何よりも大切です。休息とともに，環境要因が発症に関わっている場合には，薬物療法で社会適応を増す可能性を示唆する研究もあります（Briley & Moret, 2010）。自分が悪いと自責感から助けを求められないのがうつ病患者の特徴と言われています。早期発見と早期治療の重要性が示唆されています。

　家族，あるいは身近な人々が果たすべき役割は大きいのですが，家族が心理的な不安定の原因となっている例も少なくありません。家族の立場に立つと，長い間心理的に不安定な人とともに暮らすのは並大抵のことではないことも想像できます。頭では「受け入れなければならない」とわかっていても，実際の行動では冷たくしたり，無反応になったりしてしまうこともあるでしょう。そしてあとから家族自身が落ち込んでしまうこともあります。家族がときにそうした反応をとってしまうことを，責めることはできないでしょう。家族にも自分の生活，仕事，あるいは人間関係を守らねばならないという状態のなかでの，ギリギリの態度である可能性もあるからです。患者同様家族も混乱や危機に陥っていることが多いことも報告されています（玉里・金子, 2009）。

　うつ病は重症のときには希死念慮が生じます。実際に自死未遂を行うこともあり，責任を感じてしまう家族の負担感を増すことにつながります。病気になったのは誰のせいでもなく，降って湧いた災難と同じことです。家族が重荷を減らし，元気でいることが患者の回復を後押しすることは間違いありません。何もかもを家族が背負うのではなく，家族以外の支え手も得るために，家族の援助要請力を高めるような支援を行うことが不可欠です。

事例6　統合失調症患者とその家族

B男，19歳，大学2年生，家族（両親，祖父母）

　B男は，ある朝，目が覚めると急に不安感を覚え，電車に乗って外出することができなくなってしまいました。したがって，大学に通うこともできず，自分で休学届を取り寄せ「不安が強く通えないため休学したい」と書いて大学に送りました。両親は心配でしたが，どうすることもできず，見守っていました。大学から連絡があり，担任の先生と面接をしましたが，本人が前向きになったら大学に来てほしいということで，休学を継続することになりました。そのときに大学の先生に勧められて，精神科を受診したところ，何回か通院するように言われました。病院では話を聞くだけで，投薬はされませんでした。本人の主な訴えは「不安」と「意欲低下」でした。精神科には定期的に通っていましたが，あまり病状に変化がなく，本人の治療へのモチベーションも薄れ，通院受診はやめてしまいました。そのあとは，ひとが怖い，悪口を言われている，などといっそう閉じこもり気味になっていきました。家族と再び受診したところ医師からは服薬を勧められ，向精神薬を処方されるようになりました。次第に被害的な妄想などの症状は落ち着いていきましたが，外出をはじめ，行動することには意欲が湧かず，結局大学にも戻れませんでした。両親は先行きが不安でしたが，退学届を出すことになりました。その後は自宅近くで清掃活動などのボランティアをマイペースに続けています。ボランティアのある日は外に出て，参加者と対話できています。本人は心情や気持ちをあまり説明しないので，家族もどのようにアプローチしたらよいか悩んでいます。自活できるように手に職をつけることや，アルバイトを始めさせたいとは思うのですが，きっかけがつかめないでいる状態です。

●事例を読み解く

　B男は統合失調症の発症初期の段階と思われます。家族は共感的な態度とサポートでB男を支えていますが，先行きに不安を覚えています。若年で発症した場合，社会的活動の基盤がないことが家族と患者の葛藤の原因となります。小砂他（2019）が報告している事例では，行動や活動の側面から状態像を分析的に記述して理解を促進する人間作業モデル（MOHO）で家族と患者の葛藤解決のための介入を行うプロセスが紹介されています。改善しにくい陰性症状を精神疾患に帰属させないで，患者ができることに焦点を当てて，整理する方法論の有効性が示されています。家族は患者を支えてくれる存在です（援助者としての家族）が，その大変さについても理解したうえで，専門職は家族の生活についても配慮する必要があると指摘されています（大島他, 2000）。本人

の病状に左右されない家族自身の「リカバリー」をめざす支援の重要性も指摘されています（横山他, 2017）。

●事例から考える精神障害の患者家族の支援

こころの病気は，ときには治療期間が非常に長く続くことがあります。症状や患者の気分にも波があって，見た目では良くなっているように見えても，内面では苦しみが続いていて，そばにいる家族にさえその心のうちの本当のところは理解できないこともあります。最初に病気になったときから時間を経て，家族も患者自身も変わっていきます。だから家族関係も変わるのは当然であり，どうやったら互いにそうした「変化」を受け入れていくかが問われることになります。患者が「家族のそばにいたい」「家庭内でうまくやっていきたい」という在宅でのスムーズな生活を望んでいる場合，患者が家族と心理的距離を保てるような工夫（玉里・金子, 2009）も必要です。

同時に家族は，医師，臨床心理士（公認心理師），看護師，薬剤師などの専門家の力を借り，さらに，友達や地域の専門家であるNPOなどの支援団体に支えてもらう方法もあります。患者がセルフヘルプグループで支えられるように，家族のピアサポートも大きな力を発揮します。実際には，家族とそうした外部の支援とがつながるためには，情報を提供したり，きっかけやつなげる役割を果たしたりする存在が必要です。家族は病気になっているのは患者であると考えているので，自身が対処を求めることがあまりないからです。

> **事例⑦　難病の患者とその家族**
>
> C子　53歳　団体職員　家族（夫，独立した娘，娘夫婦と孫）
> 　長い間体調が悪い状態が続いていたが，更年期障害と考えていて，仕事や家事などで忙しく過ごしていました。あまりにも体調が悪く，起き上がるのも苦痛になったため受診したところ，難病指定されている慢性血栓塞栓性肺高血圧症[1]と診断されました。安静が必要であり，キャリアを重ねてきた仕事もやめざるをえなくなりました。家族は心配しながらも，本人の意思を尊重し，できるかぎりふだん通りの生活ができるよう気を配ってくれました。
> 　本人にとって，辛いことのひとつに高頻度で行う必要のある検査がありました。入院も必要で，さらに，治療実績もまだ多くない疾患であるため，手探りで行われ

る処置も多く，苦痛を伴うことが多かったのです。なかでも苦痛が大きいのは，経食道心エコー検査と肺シンチレーション検査でした。前者は先端に人差し指くらいの大きさのカメラの付いた管を嘔咽とともに飲み込み，いつのまにか気絶してしまうほどの苦しさでした。後者は造影剤がからだを駆け巡るなか，呼吸が苦しくなり，まるで海で溺れているような状態になってしまうと言います。エコーについては，少しでも苦痛を和らげるために麻酔を使用することになりましたが，肺シンチレーション検査では本当にこのまま死んでしまうのではないかと心細くなったそうです[2]。

　夫はいつもやさしく支えてくれ，娘たちも離れていても，いつもあれこれ心を砕いてくれます。治療や今後について不安だったときにたまたま SNS で連絡を取り合った闘病中の友人と，互いの状況について情報交換するのが大変心強かったそうです。

●事例を読み解く

　難病指定された疾患では，治療が手探りで患者やその家族の不安も大きいです。途中発症の場合は重症化に伴い，仕事をやめざるをえないなど，喪失感も大きく，家族は患者のメンタル面のサポートも担うことになります。検査なども大掛かりで，入院を必要とするなど，出費も大きく負担感が増します。まれな疾患であることからの心細さがある点については，つながることで情報共有やピアサポートを得やすくなるので，患者会などを医療機関に紹介してもらう手段もあります。患者によっては，他者に情報提供できるなど，自らのサポート力に気づいて，自己肯定感を高めて前向きになれるような側面もあると言われています。一方で，セルフヘルプグループへの参加には消極的な患者もいます。同じ病気だからといって，患者一人ひとりが抱えている事情はさまざまです。簡単に共感できない場合もあって当然であると言えます。むしろ，インターネットや SNS での発信などを活用するほうが本音を表現できると感じること

1）慢性血栓塞栓性肺高血圧症：難病情報センターウェブサイト（https://www.nanbyou.or.jp/entry/307）によると，慢性肺血栓塞栓症とは，器質化した血栓により肺動脈が閉塞し，肺血流分布および肺循環動態の異常が 6 ヶ月以上にわたって固定している病態である。また，慢性肺血栓塞栓症において，平均肺動脈圧が25 mmHg 以上の肺高血圧を合併している例を，慢性血栓塞栓性肺高血圧症（Chronic Thromboembolic Pulmonary Hypertension：CTEPH）と言う。

2）「治療の侵襲性」については本書 p. 38を参照。

もあるかもしれません。どこに，誰に，サポート源を求めるかは，一人ひとり
の選択でもあります。定型的な支援につなごうとするのではなく，サポートが
ない状態を防ぐことこそが最も重要であると言えます。

6.2　家族がつながる

　家族同士が，同じ悩みや不安を抱える者としてサポートし合う場が**家族会**で
す。家族会には患者の疾患に応じて，統合失調症患者の家族会，依存症患者の
家族会など多くの組織があります。家族同士の支え合いが患者の病状や予後に
与える影響についてはさまざまなことが知られています。統合失調症患者に関
しては，家族の批判的コメント，敵意，情緒的巻き込まれの感情表出（Expressed
Emotion：EE）が患者の再発に影響するという理論（Leff & Vaughn, 1985／
邦訳, 1991）が知られていますが，家族がサポートを得ることで EE が低下す
ることは多くの研究で示されています。日本では世界で最も早く全国組織とし
ての全国精神障害者家族連合会が結成されました。その後解散を経て成立した
全国精神保健福祉会連合会の会員数は2017年7月現在で個人と団体合わせて
11,720人とされています[3]。

　薬物依存症患者家族の場合，欧米では家族支援の重要性が知られ，多様なプ
ログラムの実践がありますが，日本では全国の精神保健センターで定期的に家
族教室を開催しているのは，2009年の時点では4割程度だったとされます（近
藤他, 2016）。自助活動（家族同士の相互サポート）の効果は**図6-1**に示したよ
うに明らかになっており，活動参加で家族が少しずつ元気や自信を取り戻し，
家族関係もよくなっていくことが知られるようになってきました（厚生労働
省，2019）。

　現在，代表的な活動としては，アラノン（アルコール家族），ナラノン（薬
物家族），ギャマノン（ギャンブル家族）があり，心理教育プログラムを用い
て家族支援を行う活動をしています。さらに，薬物依存症家族会では依存症患
者本人を対象とした回復施設であるダルク（国立精神・神経医療研究センター，

3）全国精神保健福祉会連合会ウェブサイト（https://seishinhoken.jp/profile/organization）よ
　り。

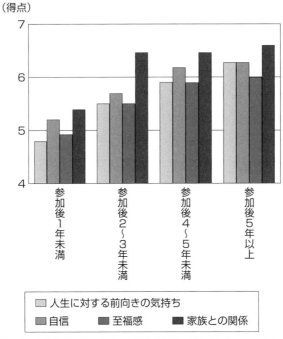

図6-1　家族会参加後の家族の気持ちの変化（厚生労働省，2019より）

2019）と連携した活動を行っています。

　また，認知症患者の家族については，**認知症カフェ**を通したつながりづくりが注目されています。身近に多数設置されている認知症カフェでは当事者の相互支援や交流を通した活動促進・維持とともに，家族同士の情報交換やピアサポートがめざされています。2012年に制度が始まり，2019年には全国で7,000ヶ所以上が運営されるようになりました。仲間同士のつながりに加え，個別相談機能が注目されており，家族が吐露する愚痴や感情を傾聴する場としての機能が報告されています（徳地他，2019）。認知症カフェに関しては，薬局での開催も見られ，地域で活躍する薬剤師の認知症患者や家族へのサポートは今後さらにニーズが高まっていくことが予想されます。

6.3 ▷ さまざまな家族のあり方と支える地域の力

　紹介した事例では，家族が患者を支えようとする姿を記述しました。配偶者
や親や子どもといったつながりが登場しましたが，現代の家族にはさまざまな
かたちがあります。2022年の男女共同参画白書では特集として「家族の姿の変
化・人生の多様化」を論じています。1980年時点では，全世帯の 6 割以上を「夫
婦と子供（42.1％）」と「 3 世代等（19.9％）」の家族が占めていましたが，2020
年時点では，「夫婦と子供」世帯の割合は25.0％に，「 3 世代等」世帯の割合も
7.7％に低下しました。一方で，「単独」世帯の割合が38.0％と，1980年時点の
19.8％と比較して 2 倍近く増加しました。「ひとり親と子」世帯も増加してい
ます（https : //www.gender.go.jp/about_danjo/whitepaper/r04/zentai/html/
honpen/b1_s00_01.html）。

　日本の社会は，病気や障害や病的な老化など，なんらかの健康の問題が生じ
た際に家族が面倒を見ることを前提に制度設計がなされてきたと言われていま
す。病気や怪我のためにひとりで生活することが難しくなると，共に暮らして
助けてくれる人の存在のありがたみを感じますが，その役割を家族だけに求め
ると，さまざまな歪みが生じることも確かです。家族が多様化して構成人数が
減ってくると，世話をひとりが担わなくてはならない状況が発生します。

　たとえば，2020年に埼玉県で条例が制定された頃から，**ヤングケアラー**とい
う18歳以下で家族の世話をしている子どもが存在していることが広く知られる
ようになりました。もう少し年齢が上の**若者ケアラー**も含め，もともとは身近
な大切な人を助けるための行動であったとしても，ひとりで，あるいは子ども
だけで担うには負担が大きすぎて，その子自身の学業や就職にまで制限を及ぼ
してしまっている状況があるのです。

　親が精神疾患を抱えている子どもの存在や，重篤な病気をもつ子どもの兄弟
の置かれている状況（**きょうだい児**）についても，ヤングケアラー・若者ケア
ラー同様に，見過ごせない問題があります。

　家族を支える医療従事者や福祉・教育分野の専門職も，こうしたさまざまな
家族があり，家族だけでは担えないケアを周囲が担っていく新しい仕組みの活

用が欠かせないことを意識していく必要があります。公的機関や制度に加え，市民活動として専門性の高い NPO や社会福祉協議会も地域に根ざした草の根で支え合う活動を展開しています。

　家族とそうした身近な支援者をつなぐ役割も，医療従事者は担っていくことが求められています。

コラム⑧　援助要請力の向上

　落ち込んでしまったり，不安になってどうしようもないとき，「助けて」を言えれば，誰かが話を聞いてくれたり，必要な助けの手を差し伸べてくれるかもしれません。しかし，「助けて」と言うのはそれほど簡単なことではありません。学生相談の活動でさまざまな学生の悩みについて相談されるのですが，多くの学生はカウンセラーに相談するまで周りの誰にも話せなかった，というケースがほとんどです。もっと悩み始めの頃に誰かに相談できたら，ここまで思い悩む事態にならないですんだのに，と思うこともしばしばです。それでも，カウンセラーに相談できた人はずっと良いのです。ついに誰かに「助け」を求めることができたからです。助けを求めることを**援助希求**とか，**援助要請**と呼びます。Help-seeking behavior としてさまざまな観点から研究が行われています。助けを求めることができる力を**援助要請力**と呼び，その力を向上させるためのプログラムも開発されています。

　筆者らは SEL-8S という学校で取り組む社会性と情動の学習プログラム（小泉，2011）の中の要素を取り入れ，SEL-short という援助要請力向上に焦点を当てたプログラムを開発しました。このプログラムには「ソーシャル・サポートを知ろう」というパートと「友達に手を差し伸べる」というパートが含まれています。もともとの発想は，自傷行動を繰り返す「自分の健康を故意に害する」症候群は助けを求められないことが原因で起きており，思春期の子どもたちの中に高頻度でこうした行動を取ってしまう子どもがいることに松本（2009）が警鐘を鳴らしていることを知ったことがきっかけでした。

　学校現場でもそうした事例に接することがあり，教員も同級生も大きなショックを受けるもののどうしたらよいか，困惑してしまう様子がしばしばです。松本は「見て見ぬ振りをしてはいけない」と述べています。筆者が学生たちの友人関係や教員と学生のコミュニケーションを見ている中では，これは非常に貴重なアドバイスでした。悩んでいても「大丈夫？」と聞かれると大丈夫ではなくても多

くの場合「大丈夫」と答えてしまいます。それ以上踏み込むことができず，話が終わってしまうことが多いのですが，「大丈夫じゃないんじゃない？ いつでも言って，話を聞くよ」ともう一歩踏み込むと，話せるようになる場面があるのです。一歩踏み込むための簡単なトレーニングが SEL-short による「ソーシャル・サポートを知ろう」と「友達に手を差し伸べる」です[5]。

第6章のポイント

- ・医療者は患者だけではなく，家族のケアも担う必要がある。
- ・家族がケアをすべきだという考え方は家族にとって大きな負担になる。
- ・家族と患者が適切な距離をとれるよう，医療者をはじめ周囲のサポートが不可欠である。
- ・援助要請力の養成やサポート源に選択肢があることが重要である。

■第6章 参考文献

Briley, M., & Moret, C. (2010). Improvement of social adaptation in depression with serotonin and no-repinephrine reuptake inhibitors. *Neuropsychiatric Disease and Treatment, 6,* 647-655.

小泉 令三 (2011)．社会性と情動の学習 (SEL-8S) の導入と実践　ミネルヴァ書房

国立精神・神経医療研究センター (2019)．ダルク追っかけ調査2018　利用者データブック

近藤 あゆみ他(2016)．薬物依存症者をもつ家族を対象とした心理教育プログラムの理解度と有用性――医療保険機関家族教室と家族会の参加者を対象としたアンケート調査結果から――　日本アルコール関連問題学会雑誌, *18*(2), 25-32.

小砂 哲太郎他 (2019)．人間作業モデルに基づいた精神障害領域におけるクライアントと家族への支援　作業行動研究, *22*(2-3), 105-113.

厚生労働省医薬・生活衛生局監視指導・麻薬対策課(2019).家族の薬物問題でお困りの方へ p.23(https：//www.mhlw.go.jp/bunya/iyakuhin/yakubuturanyou/other/dl/yakubutu_kazoku.pdf)

Leff, J. P., & Vaughn, C. (1985). *Expressed emotion in families : Expressed emotion in families.* Guilford Press.(レフ, J.・ヴォーン, C. 三野 善央・牛島 定信 (訳) (1991)．分裂病と家族の感情表出　金剛出版)

松本 俊彦 (2009)．自傷行為の理解と援助――「故意に自分の健康を害する」若者たち――　日本評論社

大島 巌・伊藤 順一郎 (2000)．家族と家庭のケア力を強める　こころの科学, *90,* 83-88.

玉里 久美・金子 眞理子 (2009)．再燃を繰り返すうつ病患者への継続的支援の検討――退院後の患者支援に関する病棟看護師の取り組み――　日本精神保健看護学会誌, *18,* 128-133.

徳地 亮他(2019).認知症カフェの個別相談が家族介護者支援に果たす機能　日本認知症ケア学会誌, *18*(2), 516-523.

横山 恵子・藤山 正子 (編著) (2017)．精神障がいのある親に育てられた子どもの語り――困難の理解とリカバリーへの支援――　明石書店

5）詳細は国立研究開発法人科学技術振興機構 (JST) 社会技術研究開発センター (RISTEX) の「研究開発成果実装支援プログラム (成果統合型)」に採択された「国際基準の安全な学校・地域づくりに向けた協働活動支援」プロジェクトによる成果を公開しているサイトに掲載。
https：//www.jst.go.jp/ristex/funding/files/JST_1115132_13527047_yamamoto_ER_2.pdf

おわりに
薬剤師の活躍と心理学の役割

　薬剤師が医療法の中で「医療の担い手」として明文化されたのは1992年（第2次医療法改定），調剤を実施する薬局が医療提供施設として医療法に明記されたのは2006年（第5次医療法改定）のことでした。2006年は薬学教育の就業年限が4年から6年に延長された年でもあり，これまで知識中心だった薬学教育が技能・態度教育へ大きくシフトをした年でもあります。

　それから9年後の2015年に出された「患者のための薬局ビジョン」では，薬剤師に求められる役割が「対物から対人へ」と明記され，薬剤師の活躍の場が病院や薬局の中だけでなく，在宅や地域など広く社会へ広がったことを印象づけました。薬剤師は「物質」の専門家に留まらず，患者に寄り添う対人援助職として社会に貢献することが求められるようになったのです。

　では「物質に詳しく」&「人間を理解している」薬剤師を育てるために重要な観点は何でしょうか？　これまでの薬剤師（薬学教育）の特徴でもある「物質に強い」ことが，対人援助の際の弱みになってしまっては元も子もありません。

　物質である薬剤を患者さんが最大限に活用し，納得した選択をしていただくためには，知識，技術はもとより，それを目の前の患者さんの心の状態やこれまで培われてきた価値観などに合わせる対応が非常に重要です。つまり患者さんのナラティブ（人生の物語）を理解する必要があり，そのためには，心理学の基本的な考え方を知ることが非常に重要です。もちろん心理学は，患者さんの理解に役立つだけでなく，薬剤師自身の自己理解にも役立ちます。

　2024年度から薬学モデル・コア・カリキュラムが改訂となり，「A　薬剤師

として求められる基本的な資質・能力」には「2．総合的に患者・生活者をみる姿勢」として、「患者・生活者の身体的，心理的，社会的背景などを把握し，全人的，総合的にとらえて，質の高い医療・福祉・公衆衛生を実現する」と書かれています。また，「B　社会と薬学」の「B—1　薬剤師の責務」には，「患者中心の医療」として，「医療心理学や行動科学の考え方等を理解し，患者・患者家族の身体的・心理的・社会的背景を総合的に把握して，患者の基本的人権を尊重した全人的な患者中心の医療を提供する能力を身に付ける」ことが明記されています。

　つまり，薬剤師が医療の担い手として患者心理を理解，尊重して，患者の意思決定を支援するために，心理学を学び，臨床に活用することの重要性が広く認知されたのです。

　本書の著者二人は，薬学部において心理学をベースとした薬剤師教育を担っているという意味で共通しています。吉永は心理学から薬学の世界へ，有田は薬学から心理学の世界へ飛び込みました。その願いは，薬のエンドユーザーである患者さんに最後に薬を手渡す薬剤師が患者さんにとって最大の理解者そして心の拠り所になることです。薬を手渡した後のフォローもこれからはますます重要な仕事となっていくでしょう。薬物治療に関して誰よりも詳しい医療専門職である薬剤師は，もっともっとさまざまな役割を発揮できるポテンシャルをもっています。2024年からスタートする新しいモデル・コア・カリキュラムでは，そうした活躍の姿を想定して，教育現場が変わっていくことの重要性が強調されています。

　本書を読んだ皆さんが，EBM（Evidenced Based Medicine）と NBM（Narrative Based Medicine）を両輪とし，真の意味で患者の人生に寄り添う薬剤師となることを願ってやみません。

　私たちが一緒に本を作ろうと話し合った日から，あっという間に5年ほど過ぎてしまいました。その間，構成の整理，さまざまな助言，進行管理など多くのサポートをしてくださった宍倉由髙様にはほんとうにお世話になりました。心より感謝申し上げます。また，ラストスパートで伴走してくださった山本あ

かね様，後藤南様には最後までお付き合いいただきましたこと，篤く御礼申し上げます。

2024年 2 月20日

有田悦子＆吉永真理

事項索引

人名索引

付録資料　本書の内容と薬学教育モデル・コア・カリキュラムとの対応表

本書の内容			薬学教育モデル・コア・カリキュラム 学修教育目標 B-1-1 / B-1-2 / B-2-1 / B-2-2	学修事項
第Ⅰ部 自分を理解するための心理学	第1章 自己を理解する	1.1 パーソナリティ/性格		B-2-1 (3)
		1.2 心の発達		B-2-1(9)
	第2章 他者を理解する	2.1 多様な価値観を受け入れる		B-1-2(2)(11)
		2.2 相手の立場になって聴く		B-1-2(2) B-2-1(1)(3)
		2.3 自他尊重のコミュニケーション：アサーション		B-2-2(3)
第Ⅱ部 患者を理解するための心理学	第3章 患者の心理	3.1 患者になるということ		B-1-2(2)(4)(9)
		3.2 がん患者の心理		B-1-2(3)(10) B-2-1(5)
		3.3 慢性疾患（糖尿病）患者の心理		B-1-2(8) B-2-1(2)(4)(5)
		3.4 精神疾患（うつ病と統合失調症）患者の心理		B-2-1(4)
	第4章 服薬の心理とコミュニケーション	4.1 服薬の心理		B-1-2(5)(11) B-2-1(4)
		4.2 医療者−患者関係と服薬		B-1-2(5)(7)(11) B-2-1(1)(4)
		4.3 患者の自己決定支援のためのコミュニケーション		B-1-2(5)(7) B-2-1(1)(4)
	第5章 チーム内のコミュニケーション	5.1 チーム内のコミュニケーション		B-2-1(1)(2)
		5.2 チームの中での薬剤師		B-2-2(3)
		5.3 対人援助職のメンタルヘルス		B-2-2(2)(3)
第Ⅲ部 患者を支える人たちの心理学	第6章 患者の家族のこころ	6.1 家族の役割と意義		B-2-1(4)
		6.2 家族がつながる		B-3-1(4)
		6.3 さまざまな家族のあり方と支える地域の力		B-3-1(2)(3) B-3-2(2)(7)

文部科学省　薬学教育モデル・コア・カリキュラム（令和4年度改訂版）学修目標と学修事項

B-1-1 薬剤師に求められる倫理観とプロフェッショナリズム

1) 生命・医療に係る倫理観を身に付け、医療人としての感性を養い、様々な倫理的問題や倫理的状況において主体的に判断し、プロフェッショナルとして行動する。
2) 医療の担い手として、常に省察し、自らを高める努力を惜しまず、利他的に公共の利益に資する行動する。
3) 医療の担い手として、必要な知識・技能を修得し続け、自身の職業観を養い、生涯にわたり学び続ける態度を形成する。
4) 薬剤師の使命を養い、生命・医療に後進の育成が含まれることを認識し、ロールモデルとなるよう努める。

(1)プロフェッショナリズムの概念
(2)職業観の形成
(3)生命倫理及び研究倫理の歴史や諸原則（ヘルシンキ宣言等）
(4)医療や研究における患者及び研究対象者の自律尊重
(5)生命の誕生、終末期、先端医療に伴う倫理的課題
(6)医療行為に伴う倫理的課題
(7)倫理的感受性の涵養と葛藤の解決
(8)成人学習理論を活用し、同僚や後輩との協働やフィードバックを実践する。
(9)倫理的課題に直面した際の適切な対応について、文脈を踏まえて討議する。
(10)自らの言動を省察と客観的に捉えた学びや経験を省察し、メタ認知能力を高める。

B-1-2 患者中心の医療	1) 患者・患者家族の心理について理解を深め、患者のナラティブや主体的な意思決定を尊重し、支援する。 2) 医療と患者・患者家族の関係性が治療や健康行動に及ぼす影響について理解し、患者・患者家族の価値観やナラティブス（心の準備状態）に合わせて対応する。 3) 患者・患者家族の多様性、個別性について理解し、患者固有のナラティブに基づく医療（NBM）と科学的根拠に基づく医療（EBM）を総合的に活用する重要性を説明する。 4) ライフサイクル特有の健康課題について理解し、患者の人生の伴走者として活用した患者特有の行動変容を継続的に支援する。	1) 患者の基本的権利 2) 患者・患者家族の心理 3) 全人的医療 4) 患者のナラティブ 5) インフォームド・コンセント、情報共有、共同意思決定（SDM） 6) 守秘義務、個人情報の保護、情報開示 7) 医療者と患者関係が治療に及ぼす影響 8) ヘルスリテラシー 9) ライフサイクル理論 10) 人生の最終段階におけるケア（エンド・オブ・ライフケア） 11) 生まれ持った個性や価値観、信条、信念、宗教等の多様性や人間性を尊重する意義について、真摯に討議する。
B-2-1 対人援助のためのコミュニケーション	1) 患者・生活者の心理、立場、環境、状態に配慮し、非言語コミュニケーションを図り、良好な人間関係を構築する。 2) 対人関係に関わる心理的要因や自己・他己理解を深め、患者・生活者や家族の多様性に配慮したコミュニケーションを図る。 3) 患者・患者家族の精神的・身体的な苦痛に配慮し、相手の心情に配慮したコミュニケーションを図る。	1) 医療コミュニケーションの技法（傾聴、受容、共感、質問法、伝え方、解釈） 2) 全人的な評価 3) 対人関係に関わる心理的要因 4) 患者の意思決定支援に役立つナラティブコミュニケーションの実践 5) 患者・生活者に悪い知らせを伝える際のコミュニケーション（SPIKESモデル）の実践
B-2-2 多職種連携	1) 医療・保健・福祉に関わる他の専門職の職能について理解し、多職種連携における薬剤師の役割や専門性について説明する。 2) 医療・保健・介護・福祉に関わる多職種と互いに対等な関係性を築きながら多職種連携を実現するための、相手の意見を尊重しつつ、薬剤師自身の考えや感情を適切に伝えるためのコミュニケーションを図る。 3) 薬剤師が多職種連携を進める上での障壁や問題点を説明し、その解決に努める。	1) 多職種によるチーム・ビルディング 2) 他の医療・保健・介護・福祉関係者の職能の理解 3) 相手の意見を尊重しつつ自身の考えや感情を適切に伝えるコミュニケーション（DESC等） 4) 多職種連携におけるリスクコミュニケーション（リスクマネジメント、コミュニケーションエラー防止策）について、自らの考えを述べる。
B-3-1 地域の保健・医療	1) 健康に影響を及ぼす環境や生活習慣について理解し、地域の衛生環境の改善、疾病予防、健康増進における薬剤師の役割について説明する。 2) 地域における医療の課題を抽出し、地域の特性と実情に応じた課題解決の方策を提案する。 3) 医療を受ける者の利益を保護し、良質かつ適切な医療を効率的に提供する体制について理解し、薬剤師の果たす役割を認識する。 4) 地域で利用可能な社会資源を活用し、保健・医療の必要性を説明し、多職種間（行政を含む）の連携の必要性を認識する。 5) 社会情勢や国際的な役割、機能を認識し、社会に向けて発揮する役割や機能を十分発揮する必要性を改善する。	1) 健康・障害・疾病の概念 2) 生活習慣病・健康増進に係る施策 3) 地域における薬局の機能（健康サポート機能、災害時対応を含む） 4) 地域の保健に関わる機関・組織 5) 医療提供体制の理念、医療安全の確保 6) 地域包括ケアシステムの概要 7) ライフステージに応じた健康管理、環境・生活習慣の改善における薬剤師の役割 8) 学校保健と学校薬剤師の役割 9) 医薬品適正使用における薬剤師の役割（適正使用の推進、アンチ・ドーピング等） 10) 地域住民のセルフケア・セルフメディケーションにおける役割と保健・医療のニーズ 11) 都市部、山間部（へき地）、離島等における薬剤師の役割と医療の理解 12) 早期からの体験学習に基づく薬剤師の特性と責務の業務範囲や活動 13) 国内外における薬剤師の業務範囲や活動

■著者紹介

有田 悦子（ありた えつこ）
北里大学薬学部　教授
博士（臨床薬学）
専門は医療心理学，臨床薬学，薬学教育学
著書に『薬学人のための事例で学ぶ倫理学』（南山堂，共編著），『臨床試験に関わる医療者のための医療心理学入門』（メディカル・パブリケーションズ，単著），『新スタンダード薬学シリーズ第 2 巻「社会と薬学」』（東京化学同人，編著）など。

吉永 真理（よしなが まり）
昭和薬科大学薬学部　教授
博士（保健学）
専門は臨床心理学，コミュニティ心理学，保健学，こども環境学
著書に『子どもまちづくり型録』（鹿島出版会，共著），『まち保育のススメ』（萌文社，共著），『新スタンダード薬学シリーズ第 2 巻「社会と薬学」』（東京化学同人，共著）など。

ともに学ぶ 薬学の心理学

2024 年 4 月 1 日　初版第 1 刷発行　　（定価はカヴァーに表示してあります）

著　者　有田 悦子・吉永 真理
発行者　中西　良
発行所　株式会社ナカニシヤ出版
〒606-8161　京都市左京区一乗寺木ノ本町15番地
Telephone 075-723-0111
Facsimile 075-723-0095
Website https://www.nakanishiya.co.jp/
Email iihon-ippai@nakanishiya.co.jp
郵便振替　01030-0-13128

装幀＝鈴木素美／印刷・製本＝亜細亜印刷（株）
Printed in Japan.
Copyright © 2024 by E. Arita & M. Yoshinaga
ISBN978-4-7795-1751-8